La transmigración y la identidad en las familias juarenses

Delia Puga Antúnez

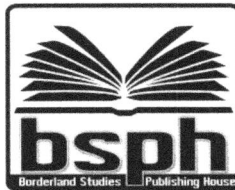

bsph
Borderland Studies | Publishing House

La transmigración y la identidad en las familias juarenses
Primera edición, 2011

© Delia Puga Antúnez
© Borderland Studies Publishing House

ISBN-13 9780982707852
.

Printed in the USA

A mi madre, quien no pudo continuar
a mi lado hasta el final del camino emprendido
en este esfuerzo

Delia

Agradecimientos

A la Dra. María Dolores Paris Pombo por todo su apoyo, por su tiempo dedicado a escribir el prólogo de este trabajo, sobre todo, por su amistad.

A mis hermanos Nelly y Paco, quienes siempre están pendientes de mi trabajo y sobre todo de mi persona.

A mis sobrinos y sobrinas por su admiración y cariño a quienes amo entrañablemente.

A mi familia toda.

Punto aparte, agradezco a Xóchitl, quien se unió a mí en este proyecto con gran entusiasmo transmitiéndome parte de su fortaleza, gracias Gaviota

Contenido

Prólogo

Este libro presenta los resultados de una investigación que realizó Delia Puga Antúnez para escribir su tesis de Doctorado en Ciencias Sociales, en la Universidad Autónoma de Ciudad Juárez. Se trata de un minucioso proceso de exploración teórica y empírica, a través, por un lado, de la revisión de los estudios sobre identidades sociales, familias mexicanas y transmigración, y por el otro, de un diálogo con algunas familias transfronterizas en el área Juárez-El Paso, de la frontera entre México y Estados Unidos.

La Dra. Puga decidió indagar cuáles son las formas de vida y las expresiones culturales de esos mexicanos y mexicanas que cruzan regularmente la frontera, cada día o cada semana, para trabajar en EEUU. Al darse cuenta de que no sólo las personas que trabajan en El Paso, sino también las familias completas, veían alteradas sus dinámicas cotidianas y sus formas de percibir el mundo, Delia Puga tomó al núcleo familiar como unidad de análisis. Su preocupación se centró entonces en las transformaciones culturales y linguísticas que suceden en las familias transfronterizas cuando interactúan regularmente o cuando se ven obligadas a ajustarse a las normas y a los valores angloamericanos.

Para ello, se propuso dar voz a las personas implicadas en este proceso; les abrió un espacio de discusión y análisis, reuniendo a grupos de familias juarenses transfronterizas para preguntar, escuchar y coordinar la exposición de las ideas que ellas mismas externaban. Mediante entrevistas a profundidad y con la técnica conocida como "grupos focales", dejó que estas personas expresaran sus inquietudes y sus aspiraciones en torno a la dinámica cultural propiciada por el cruce y la vivencia cotidiana "del otro lado". A posteriori, no sólo les dio voz a esas familias reproduciendo algunas de sus reflexiones, sino que les permitió analizar su experiencia.

Es indudable que la carrera de trabajadora social que la Dra. Puga ha desempeñado en Juárez durante muchos años, ha resultado fundamental para permitirle comprender las condiciones de precariedad y vulnerabilidad de las familias juarenses. Es a través de su cercanía con el campo de estudio que logró desarrollar la sensibilidad y la empatía necesarias en este proceso de investigación y dar cuenta de las identidades que se mueven en el área fronteriza.

La frontera entre México y Estados Unidos no sólo es muy extensa (3,185 km) sino extremadamente compleja y diversa. También son múltiples los flujos y los intercambios que se dan a través de la misma. En particular, existe una intensa movilidad transfronteriza que propicia una continua interacción social, a través de la cual se transmiten prácticas culturales entre distintas poblaciones. Así, en las familias que viven en la frontera y que la cruzan regularmente, se da una renovación constante de los valores, el idioma y las costumbres. Si bien existe una penetración cultural en familias mexicanas, en razón de las relaciones de poder que se dan entre Estados Unidos y México, siendo el primer país capaz de imponer normas y valores, hay también formas múltiples de resistencia y defensa de la identidad nacional mexicana.

Delia no deja de señalar las fuertes desigualdades y las relaciones de poder, que ponen a muchas familias transfronterizas en condiciones de vulnerabilidad social. El miedo a las policías y en particular a las autoridades migratorias, sobre todo por parte de aquéllos que no tienen permiso legal para trabajar en ese país, el temor constante a estar violando alguna de las múltiples reglas que se imponen y refuerzan mediante sistemas estrictos de control y vigilancia, hace que las y los mexicanos se sientan siempre en condiciones de desventaja, o incluso de opresión. Una de las entrevistadas lo expresa claramente al exclamarse: *"Mire, cuando vengo a Juárez, en cuanto paso yo me quito el cinturón (suelta el aire ruidosamente con una expresión de descanso al momento en que con sus manos aparenta quitarse el cinturón), respiro con aquel gusto y digo: ya estoy en mi "juaritos" querido. Cuando tengo que irme siempre voy así (hace un movimiento dejando caer los hombros y cambia la expresión de su rostro a un rictus de tristeza)..."*

Así, las familias mexicanas transfronterizas tratan sin duda de adaptarse al cuadro de vida que se les impone en el país del norte, sienten una opresión que se manifiesta en sus emociones, en sus sentimientos e incluso en su porte corporal. Pero al mismo tiempo, llevan consigo creencias y tradiciones que muchas veces, se refuerzan y se consolidan al estar cruzando la frontera. Al tener puntos permanentes de comparación con "los otros", con los angloamericanos, son mucho más conscientes de sus propios valores, de su propia identidad. Y la transmiten a sus hijos con entusiasmo y dignidad.

Es por ello que lejos de dar por sentadas una serie de características regularmente admitidas como parte de la mexicaneidad, de la identidad nacional o de la religión católica, resulta fundamental estudiar las particularidades de la apropiación de valores y normas hegemónicos en México, en diferentes espacios sociales y geográficos. También resulta relevante explicar, como lo hace en este libro la Dra. Delia Puga, las formas culturales específicas de algunas regiones y localidades, como es el caso de Ciudad Juárez, y las transformaciones permanentes de la identidad en las regiones fronterizas de este país.

María Dolores París Pombo

El Colegio de la Frontera Norte, Tijuana

Introducción

Esta investigación tiene como objetivo general estudiar cómo la condición de transmigrantes de algunas familias juarenses afecta sus prácticas culturales tales como costumbres festivas y culinarias, religiosas e idiomáticas, y establecer si esto distingue una identidad fronteriza. En este sentido, se intentará conocer y explicar qué es lo que sucede con la identidad de la familia transmigrante en Ciudad Juárez, al describir la adopción de costumbres que conocen y aprenden en la ciudad de El Paso, la conversión religiosa o los cambios en algunos rituales y el uso cada vez más frecuente de expresiones en inglés.

Al hablar de identidad me refiero a los sentimientos de pertenencia y adhesión grupal a distintos colectivos como la familia, el barrio, la iglesia y finalmente la nación, que se van conformando mediante las prácticas culturales, rituales y educativas. La identidad brinda además un aspecto de separación o diferenciación de otros grupos sociales y de continuidad a lo largo de la historia individual o colectiva; es decir, como lo veremos en el capítulo I, establece sentimientos de diferencia o exclusión y de permanencia.

Puesto que es en la familia donde se inicia el aprendizaje de las prácticas, los valores y los rituales, la construcción de la identidad se da de manera fundamental en el ámbito del hogar. Ahí, el individuo adquiere los conocimientos y se adentra en las prácticas religiosas, se integra a colectivos como el barrio, e incluso recibe los primeros elementos de la identidad nacional. Por eso, me parece esencial estudiar la identidad desde la familia, y tomar el caso específico de Ciudad Juárez, que por ser una metrópoli situada en la frontera más transitada del mundo, está en contacto con diversas culturas, formas de agrupación, movimientos, etcétera.

Resulta necesario entender las manifestaciones específicas de la identidad nacional en la situación fronteriza. En efecto, Smith concibe la identidad nacional como "una población humana denominada que ocupa un territorio histórico y comparte mitos y recuerdos, una colectividad, una cultura pública, una sola economía, derechos jurídicos y obligaciones comunes" (Smith, 1998:62). Así, la nación aparece como unitaria y homogénea, pero en realidad, son tan variadas las expresiones identitarias o las formas de identificación con la nación en distintos puntos del territorio, en diferentes estratos sociales, lo que rompe con la idea de unidad y homogeneidad.

En la frontera juarense se construye un singular nacionalismo, donde si bien se comparten mitos y recuerdos, mismos derechos jurídicos e iguales obligaciones legales que todos(a) los(as) mexicanos(as), se reflejan también condiciones regionales particulares, las cuales no son propias del resto del país, esto como resultado de su cercanía con el país más poderoso del mundo y por su posición geográfica.

Los movimientos sociales y culturales que se experimentan en la actualidad tales como la "crisis de la modernización",[1] "la globalización"[2] y sobre todo los procesos migratorios, transforman la cultura nacional y las identidades colectivas de los mexicanos. El fenómeno de las migraciones internacionales es considerado como un tema tan actual debido a las problemáticas en suma complejas que se han estado presentando, tanto en los flujos de población en

---

[1] A finales del siglo XX, muchos afirman que nos encontramos frente al contenido de una nueva era a la que han de responder las Ciencias Sociales, y que trasciende a la misma modernidad. Se ha sugerido una curiosa variedad de términos para referirse a esa transición, algunos de los cuales hacen directa referencia al surgimiento de un nuevo tipo de sistema social como "la sociedad de la información" o "la sociedad de consumo", no obstante, la mayoría de estos términos sugiere más bien que el anterior estado de las cosas está llegando a su fin (postmodernidad, postcapitalismo, sociedad postindustrial, y así sucesivamente) (Giddens, 2004:16).

[2] Beck define la globalización "como los procesos en donde los Estados-nacionales soberanos, se entremezclan e imbrican mediante actores transnacionales, la caracteriza por la intensificación de las relaciones sociales mundiales que vinculan lugares distantes" (Beck, 1988:29). Giddens considera a la globalización como un "colonialismo inverso", que resulta por cantidades de personas cada vez más grandes, que viven en una situación de desarraigo con sus instituciones y sus prácticas locales están vinculadas con relaciones sociales mundiales afectando aspectos importantes de su vida cotidiana (Giddens, 2007).

Europa como en América. Por ejemplo, Habermas (1994:55) afirma que "Después de los conflictos de Europa del Este, existe otro asunto importante en la agenda del día en Alemania y en la Comunidad Europea: la inmigración". Asimismo, Bustamante[3] asegura que "no es casual que la ONU haya declarado el 2006 como el año de migración internacional".

No hay duda de que los fenómenos mencionados en los párrafos anteriores han permeado al núcleo familiar, en ocasiones leve y en otras drásticamente, ya que la familia es una de las instituciones sociales más sensible a las acciones globales. Es pertinente el estudio de ésta y sus tendencias de cambio, en este caso ocasionado por la transformación de la identidad, a su vez provocada por los movimientos migratorios tanto nacionales como internacionales, en lo primordial el de transmigración fronteriza y la incorporación de la cultura angloamericana, ya que a partir del conocimiento de dichos procesos se facilita la comprensión e interpretación de las repercusiones en la conformación y dinámica familiar.

Cabe advertir que el término de transformación lo tomo desde la perspectiva de Giménez (1997:14), quien la define así: "La transformación sería un proceso adaptativo y gradual que se da en la continuidad, sin afectar significativamente la estructura de un sistema."

La identidad como permanencia implica una continuidad a lo largo de la historia (personal, social o nacional) a pesar de los grandes cambios o las transformaciones. Ejemplo de esto es la persona, la identidad personal permanece durante el crecimiento, evolución y transformación del individuo desde la infancia hasta la muerte (París, 1990). Además, las expresiones identitarias varían de acuerdo con el contexto en el que se desenvuelven los grupos sociales.

---

[3] Prólogo del programa de seminario sobre Migraciones internacionales y derechos humanos. Doctorado en ciencias sociales de la Universidad Autónoma de Ciudad Juárez (2006).

Para lograr un acercamiento más completo al fenómeno de la transmigración y sus repercusiones en el núcleo familiar, consulté diferentes temas y autores relativos, en primera a clarificar aspectos de los procesos interculturales, ya que en la actualidad los grandes cambios socioeconómicos originados por la globalización han provocado en muchas ciudades del mundo un pluralismo cultural, y en segundo lugar para conocer la manera en que es vivenciado en la frontera, un espacio donde dicha pluralidad es una visión cotidiana.

El pluralismo cultural es definido por Bartolomé (2006:107) como "el reconocimiento de una situación fáctica derivada de la existencia de diferentes culturas en una misma formación política, como una orientación del valor que pretende afirmar el derecho a la existencia y reproducción de las distintas culturas". La pluralidad cultural así como el estudio de la hibridación cultural, son elementos que ayudan al análisis de la transformación de la identidad de las personas que transmigran en la zona fronteriza, así como sus efectos en la conformación y dinámica de la familia juarense dentro del contexto presente.

Otro punto de interés es el estudio de la migración internacional en un contexto local, fronterizo. Los movimientos de población se han incrementado en forma notable en las últimas décadas, que inducen a un intercambio de flujos culturales y de relaciones interculturales. Arango (2003:1) escribe que

en el último cuarto del siglo XX el escenario del pensamiento teórico sobre las migraciones se ha enriquecido por proposiciones que tratan de explicar la nueva fisonomía de las migraciones internacionales y de responder a la cada vez mayor trascendencia social y política que reviste este fenómeno migratorio.

Estas circunstancias de movilidad humana han propiciado una serie de cambios, por ejemplo los sucesos transnacionales se hacen más presentes en el mundo actual. Los cambios sociales arriba mencionados pueden observarse en el ámbito internacional y nacional, teniendo como espacio de concreción a la esfera municipal, local, donde el (la) migrante y su familia discurren su vida diaria y se ven en la necesidad de sopesar estos movimientos macros que influyen en el mundo microfamiliar o en el espacio doméstico.

Posteriormente, se enfoca la investigación sobre el fenómeno de la transmigración, que se entiende como aquélla que se da en las fronteras, cuando una persona reside en un país y para trabajar, estudiar, acceder a ciertos servicios, o para atender asuntos familiares, se ve en la necesidad de cruzar en forma continua el límite internacional, con una regularidad diaria, semanal o bien cada mes (en ocasiones largas temporadas). Trataré de averiguar algunas de sus causas y efectos dentro del núcleo familiar.

Para la elaboración de este documento es de suma importancia conocer y analizar de qué manera la familia mexicana moderna que transmigra –cuando uno o varios de sus miembros viven en Ciudad Juárez y laboran en El Paso– ha reaccionado a los diferentes procesos culturales del país que cumple las veces de receptor laboral, en este caso Estados Unidos, sobre todo con relación a la incorporación de la cultura angloamericana en el idioma, costumbres y religión. Además, se pretende establecer qué ha sucedido con su identidad nacional y fronteriza durante este proceso.

Al tomar en cuenta que resulta difícil encontrar solo un tipo de familia, por los cambios a que ésta ha sido sometida en su composición tradicional patriarcal –padres e hijos(as) consanguíneos– y en su dinámica –con los roles jugados por sus miembros–, igual se observan modificaciones en la sociedad, sobre todo a partir de la industrialización, de una manera paulatina la familia pasa desde la forma más tradicional hasta llegar a la presente (es decir, a una pluralidad de formaciones y de roles familiares). En efecto, hoy observamos esta gran variedad así como cambios relacionados con la transformación del rol de la mujer y por consiguiente del padre y de los hijos. Podemos encontrar una multiplicidad de modelos que vienen a contribuir con la caída del mito de que familia sólo hay una: padres no casados, padres posdivorciados, de gays o lesbianas, encabezadas por una sola persona, comunitarias, segundas nupcias con hijos de matrimonios anteriores, mujeres solas que optan por la inseminación artificial para poder concebir, extendidas, y desde luego la familia nuclear que ha sido últimamente competida por las antes mencionadas relaciones de convivencia.

Por otro lado, los flujos migratorios nos presentan en el panorama social-familiar a las llamadas "familias transnacionales", que son las que viven literalmente a un lado y otro de la frontera, fragmentadas, sufriendo desventajas –la ausencia, la sensación de lejanía de un ser querido– y también algunas ventajas –salariales, mejor calidad de vida–. Al ser la familia un tema de interés general, el estudio de ésta lleva a alcanzar mayor orientación en la llamada transmigrante juarense y su identidad. Esta última cuestión constituye la centralidad de este trabajo, de ahí que resulta interesante investigar lo que se vive de la unidad familiar ante los diferentes procesos culturales que experimenta en su experiencia diaria, al pasar de Ciudad Juárez a El Paso a laborar.

El interés en realizar esta investigación proviene de una sistematización de la práctica profesional que he desarrollado como trabajadora social en Ciudad Juárez, durante los pasados 30 años. Me he percatado a lo largo de este tiempo de la desintegración social y cultural provocada en el seno de la familia por la migración y las contradicciones culturales en las que se sitúan los juarenses, por la permanente y poderosa influencia de las estructuras simbólicas provenientes de Estados Unidos y de la lengua angloamericana.

En las pláticas con algunos grupos vulnerables y de menores recursos, he percibido aceptar sin cuestionamientos la identidad nacional transmitida durante la educación básica. También detecto una progresiva asimilación, o incluso incorporación, a la cultura fronteriza de elementos en apariencia contradictorios o ajenos a la idea hegemónica de la mexicanidad: en particular elementos religiosos, símbolos de estatus y formas lingüísticas. Esta experiencia previa me llevó a formular las siguientes hipótesis.

La identidad transfronteriza y transmigrante de las familias juarenses es resultado de procesos de hibridación[4] cultural mediante los cuales éstas incorporan costumbres, creencias religiosas y elementos idiomáticos de la cultura angloamericana. La familia juarense transmigrante se encuentra en constante proceso de hibridación cultural. Lo antes mencionado dirige al planteamiento de los siguientes objetivos específicos:

Identificar las características de la hibridación cultural en las familias transmigrantes. Conocer los procesos de identificación de la familia transmigrante en la incorporación de los ámbitos culturales relativos al idioma, religión y costumbres angloamericanas. Localizar las características más relevantes de este fenómeno en la frontera juarense y, por último, explicar las formas en que repercuten en la dinámica familiar.

Las reflexiones que expongo parten de algunas interrogantes: ¿los transmigrantes están dentro de un proceso de construcción de una identidad híbrida?, ¿a través de qué mecanismos conservan sus raíces las familias transmigrantes?, ¿de qué manera los cambios culturales contribuyen a reafirmar o diluir la identidad mexicana, norteña y juarense?, ¿cómo se diluyen o refuerzan los vínculos familiares ante los cambios culturales?

Para responder a estas interrogantes, recuperaré primero algunas reflexiones teóricas sobre la transformación de los procesos identitarios a partir del último cuarto del siglo XX, es decir, en un contexto que algunos autores llaman posnacional (Habermas), posindustrial (Touraine), global (Beck) o posmoderno (Lyotard). Mientras que hasta los años setenta, durante el periodo de desarrollo sostenido y de auge industrial, la mayoría de las teorías en torno a la

---

[4] Utilizaré el término de hibridación ya que me parece el más adecuado para lo que empíricamente observé en las familias juarenses. Sin embargo, en el capítulo I discutiré las críticas y las limitaciones del concepto.

identidad partían de un enfoque integrador y asimilacionista, en la actualidad, la construcción identitaria de los grupos sociales es entendida, cada vez más, como un proceso multicultural o incluso intercultural.

Tanto la experiencia empírica como los resultados de las entrevistas en el trabajo de campo demuestran que, en realidad, difícilmente ha existido una total asimilación de la cultura angloamericana por parte de los transmigrantes juarenses, sino que existe una selectividad (consciente o no) de ellos y ellas hacia los valores culturales de uno o de otro país.

A partir de la era poscolonial o la llamada "crisis de la modernidad", poco a poco se ha originado un movimiento de pensamiento que aboga por la pluralidad de discursos, la necesidad de respeto y tolerancia de las diferencias culturales, e incluso el diálogo intercultural entre identidades nacionales o étnicas de origen y con características muy diferentes. Estos debates y argumentos a favor de la convivencia y del diálogo entre culturas han llevado a teorías que hablan de multiculturalismo e interculturalidad.

El primero debe entenderse como un signo de esta época, resultado de un largo proceso de desgaste que tuvo el pensamiento institucional unitario, cuyo desafío es asumir la equidad en la diferencia, es decir, la diversidad cultural se volvió un problema con la instauración de la igualdad y la justicia para todos como proyecto de sociedad.

En unos la igualdad justifica la homogeneidad, en otros la diversidad justifica la equidad. La diversidad cultural (el multiculturalismo) aparece como algo en constante proceso de adaptación y no como una imperfección del ámbito social que se debe mitigar. Esa lógica de la diversidad y diferencia se ha extendido a otros movimientos y grupos sociales en la actualidad (homosexuales, raciales, autóctonos, étnicos, ecologistas, discapacitados, feministas), a todos los sectores de la relación humana (religión, política, economía comercial), e involucra a todos xviii

los niveles geográficos (mundial, regional, local comunitario, interpersonal). En fin, el multiculturalismo es el heredero del paso que hubo del reconocimiento colectivo en los estados imperiales, y a la exacerbación de la diferencia individual en los estados-nación modernos y democráticos (Gutiérrez Martínez, 2006:9-11).

La convivencia entre instituciones religiosas, políticas, sociales y culturales en las ciudades contemporáneas y el aumento de los intercambios simbólicos y de información a través de las nuevas tecnologías y de los flujos migratorios, llevan a un acelerado y permanente cambio de las adscripciones culturales de los individuos y de las familias. En este sentido, el concepto de identidad nacional de Smith, que retomé al inicio de esta introducción, queda en entredicho: las formas de identificación del individuo con la nación no pueden ya tener de referencia "una cultura pública" y "una sola economía".

Las identidades colectivas, tanto nacionales como regionales, se encuentran en permanente reformulación de acuerdo con la recepción e incorporación de símbolos y discursos de muy diversa procedencia. Es en los límites del territorio nacional, es decir, en las regiones fronterizas, donde el intercambio simbólico y discursivo es más intenso. En esa medida, ahí las identidades se reconfiguran de forma permanente dando lugar a procesos de hibridación.

Mi intención en este trabajo de investigación es observar y analizar estos procesos de hibridación y su impacto en la dinámica familiar, en particular cuando alguno o varios miembros cruzan con frecuencia la frontera, es decir, las familias transfronterizas. Para ello, retomaré primero algunas teorías sobre la configuración y reconfiguración de las identidades sociales (París, Bartolomé...) y sobre las culturas híbridas (García Canclini). De este modo, estudiaré algunas características generales de la cultura juarense y de las condiciones socioeconómicas que propician la transmigración de Ciudad Juárez a El Paso, a partir de estudios históricos, coyunturales y estadísticos sobre esta región urbana fronteriza.

Es en el método de corte cualitativo donde descansa sustancialmente la investigación efectuada en el campo. El propósito al seleccionar este procedimiento fue la posibilidad de crear el escenario adecuado para el desarrollo de la interacción entrevistadora-entrevistado(a). La aplicación de esta metodología facilita observar el comportamiento corporal verbal o no verbal de los sujetos, a la vez que la cercanía física da un contacto personal y directo con ellos (ellas).

Las técnicas utilizadas fueron la entrevista a profundidad y los grupos focales. A través de la primera (individual y familiar-pareja) se puede llegar a comprender cuáles son los sucesos y experiencias de la vida familiar relacionados con la experiencia transmigratoria y con las vivencias interculturales, y sobre todo el significado que le dan cada uno de los miembros de la familia, además realizar las entrevistas en su domicilio hace posible un mayor involucramiento de la entrevistadora con sus rutinas y hábitos.

Por otra parte, mediante la aplicación de la técnica de los grupos focales se pretende formar una dinámica de compañerismo y comunión de sentimientos. Al igual que las entrevistas a profundidad, esta técnica permite el establecimiento visual con todos los integrantes y fomentar la interacción grupal. Asimismo, la presencia del debate sobre la identidad mexicana-regional, el nacionalismo, el racismo y la discriminación hacia el migrante, explica las problemáticas ubicadas por los propios actores (los transmigrantes) y su impacto cultural en la dinámica familiar. También ayuda a la identificación de problemas comunes, por ejemplo, el cruce constante por el puente sin documentos para laborar, lo que nos lleva a entender las características específicas de la transmigración en la región Juárez-El Paso.

La práctica profesional me ha facilitado estar en constante y directa relación con muchas familias juarenses de clase media y baja, que han sobrellevado una serie de alteraciones en sus costumbres, valores y creencias. Dichos cambios han sido provocados por varios factores, entre los que se encuentra el fenómeno de la transmigración que en la mayoría de los casos ha propiciado la separación de sus integrantes.

Se han presenciado también nuevas formas de familias. Es más frecuente escuchar de las unidades domésticas, unidas a través de lazos sanguíneos, de afinidades personales o por necesidad económica. Hay relaciones que exponen transformaciones en la cultura: hibridación (García Canclini, 1991), transculturación[5] (Ortiz, 2004), articulaciones (Bartolomé, 2006), además del quehacer cotidiano y nuevos roles y tareas.

En esta última década los movimientos migratorios adquieren relevancia, de este modo se ha dado un cambio en el perfil de la migración donde surgen nuevos protagonistas: niños y niñas. Ya no son sólo los adultos o la presencia de la mujer, de la cual ya se percataron algunos autores, ahora la concurrencia de menores en el cruce de los puentes internacionales ha incidido en este fenómeno que origina, desde luego, modificaciones importantes en los vínculos intergeneracionales. Es pues el contacto cara a cara con el núcleo familiar que crea un escenario perfecto para obtener la riqueza que implica dicho acercamiento.

Sujetos de estudio y criterios de selección

Los sujetos de estudio radican en Ciudad Juárez y trabajan en El Paso, o lugares circunvecinos, con o sin documentos. Nacidos o no en Juárez, todos tienen en común una estancia de cinco años o más

---

[5] Con el objeto de explicar mejor esta idea, recurro al uso del concepto transculturación, término creado alrededor de 1947, y que desde el punto de vista de Ortiz se utiliza para describir el fenómeno donde se funden y convergen distintas culturas. El proceso de transculturación va dirigido tanto a las grandes fuerzas de nivel macrosocial, como de nivel interpersonal. La convergencia de dos o más culturas ha traído algunos conflictos, cuya gravedad varía de acuerdo con las ideas políticas, también la representatividad que tienen las diásporas, las cuales son consideradas de riesgo por los grupos más conservadores. De igual manera se observa a la religión, a las costumbres y el idioma, que cuando prevalecen en las culturas consideradas extranjeras son características vistas como obstáculos para lograr la asimilación al país huésped. No obstante, al parecer no inhiben grandemente la convergencia de distintas etnias o culturas (Ortiz, 2004).

en la frontera juarense, tiempo requerido para establecer una dinámica familiar diferente y así poder percibir cierta transformación de la identidad entre los transmigrantes. Los sujetos de estudio pertenecen a la clase trabajadora y sus lugares de trabajo son los siguientes: servicios, limpieza de casas, jardinería, cuidado de niños y ancianos, construcción, restaurantes y fábricas.

Los entrevistados fueron seleccionados sin importar el estado civil, sexo, ni la condición legal de la unión de las parejas. Se realizaron entrevistas profundas, de manera individualizada, a tres mujeres y dos hombres. A los padres de familia se les entrevistó en pareja. Al comienzo se pretendía involucrar a toda la familia, sin embargo, cada vez resultaba más complejo reunir a todos los miembros, por tal motivo decidí incluir sólo a la pareja. También se llevaron a cabo tres grupos focales, con un total de 15 sujetos de las mismas condiciones y características que los anteriores.

Entrevistas a profundidad

Se desarrollaron cinco entrevistas a profundidad a transmigrantes con las siguientes características: tres del sexo femenino y dos del masculino, con edades de 65, 62, 50, 56 y 42 años. Con relación a la escolaridad, dos mujeres tienen primaria y una secundaria, de los varones uno tiene preparatoria y el otro maestría sin terminar. En cuanto al estado civil, una es divorciada, otra madre soltera, una casada, un soltero y un casado. Finalmente se consigna el lugar de nacimiento, siendo dos del estado de Durango, dos juarenses y uno de la ciudad de Chihuahua. Para clarificar los datos, a continuación los presento a manera de cuadro.

Datos de las personas entrevistadas

Nombre	Edad	Edo. Civil	Hijos	Escolaridad	Lugar de nacimiento	Tiempo de radicar en Juárez	Tiempo de trabajar en EU	Tipo de trabajo actual	Doc. de cruce
Rosa	65	D	5	Primaria	El Palmito, Durango	54 años	53 años	Cuida niños	Tarjeta verde
Nachita	62	MS	2	Primaria	Villa Juárez, Durango	40 años	40 años	Atender niños minusválidos	Visa laser
Juanita	50	C	3	Secundaria	Ciudad Juárez, Chihuahua	50 años	7 años	Cuidar Anciano	Visa laser
José Lorenzo	56	S	0	15 créditos de maestría	Chihuahua, Chihuahua	38 años	38 años	Cárcel correccional	Tarjeta verde
Servando	42	C	2	Preparatoria	Ciudad Juárez, Chihuahua	42 años	25 años	Construcción	Tarjeta verde

Clave S = Soltero. D = Divorciada. M S = Madre Soltera. C= Casado.

Entrevistas a padres de familia

Además fueron entrevistadas seis parejas, padres de familia, de las cuales tres eran casadas en primer matrimonio: Ricardo y Claudia con dos hijos, Jorge y Lupita con tres hijos, y finalmente Jorge y Griselda con tres hijos; las otras tres parejas están unidas en segundo matrimonio: Victoria y Roberto, ella tiene tres hijas y con Roberto tiene un hijo; Patricia y Luis unidos en segundas nupcias, con un hijo cada uno y juntos procrearon una niña; la pareja restante Lupe y Álvaro, vive en unión libre y con un hijo de ella de una relación anterior y una hija de ambos.

La situación laboral de estas parejas es que los dos se emplean en el país vecino (aunque desempeñando actividades diferentes), incluso se trasladan juntos hacia sus labores. En una de las parejas ambos son ciudadanos y sus hijos estudian allá, otra familia tiene permiso de residencia y también sus hijos van a la escuela en El Paso, y las cuatro restantes pasan con la visa láser.

Entrevistas a profundidad a seis parejas

Nombre	Edad	Edo. Civil	Hijos	Escolaridad	Lugar de nacimiento	Tiempo de radicar en Juárez	Tiempo de trabajar en EU	Tipo de trabajo actual	Doc. de cruce
Ricardo	33	C	2	Técnico dental	El Paso, Texas	33 años	8 años	Comisiones	Ciudadano A.
Claudia	37	C	2	Secundaria	El Paso, Texas	37 años	17 años	Fabrica	Ciudadana A.
Alvaro	35	UL	2	Secundaria	La Boquilla, Chihuahua	17 años	11 años	Venta de vehiculos	Visa láser
Lupe	31	UL	2	Secundaria	La Boquilla, Chihuahua	18 años	10 años	Limpia edificio	Visa láser
Luis	38	C	3	Secundaria	Ciudad Juárez, Chihuahua	38 años	12 años	Restaurante	Visa láser
Patricia	40	C	3	Licenciatura	Ciudad Juárez, Chihuahua	40 años	12 años	Hotel	Visa láser
Roberto	58	C	4	Preparatoria	Ciudad Juárez, Chihuahua	58 años	23 años	Fabrica	Residente
Victoria	56	C	4	Comercio	Torreón, Coahuila	54 años	20 años	Fabrica	Residente
Jorge	45	C	3	3ro. de primaria	San Marcos, Durango	29 años	7 años	Construcción	Visa láser
Lupita	43	C	3	S/escolaridad	San Marcos, Durango	22 años	8 años	Limpia casas y cuida niños	Visa láser
Jorge	55	C	3	Bachillerato	La Boquilla, Chihuahua	18 años	18 años	Construcción	Residente
Griselda	50	C	3	Comer-cio	La Boquilla, Chihuahua	14 años	14 años	Casa de empeño	Residente

Clave C= Casado. UL= Unión Libre.

Grupos focales

Las quince personas participantes en los tres grupos focales presentaron diferentes características: 13 tienen visa láser, una es residente y la otra posee tarjeta verde, pero todas ellas tienen en común que pasan el puente con el propósito de emplearse en diversas actividades en la ciudad de El Paso.

En el siguiente cuadro se muestran los datos generales de los participantes en los grupos focales:

Participantes en los grupos focales

Nombre	Edad	Edo. Civil	Hijos	Escolaridad	Lugar de nacimiento	Tiempo de radicar en Juárez	Tiempo de trabajar en EU	Tipo de trabajo actual	Doc. de cruce
Zoila	50	C	3	Lic.	La Boquilla, Chihuahua.	24 años	20 años	Ventas	Visa láser
Elvira	38	C	2	Lic.	Chihuahua, Chihuahua.	11 años	7 años	Ventas	Visa laser
Oralia	37	C	1	Lic.	Batopilas, Chihuahua.	15 años	8 años	Ventas	Visa laser
Lilia	36	D	2	Lic.	Ciudad Juárez Chih		8 años	Ventas	Visa laser
Carmen	42	S	0	Prepa	Chihuahua, Chihuahua.	17 años	9 años	Ventas	Visa laser
Martha Leticia	48	MS	1	Comercio	Chihuahua, Chih.	16 años	12 años	Ventas	Visa laser
Raúl	47	S	0	Lic.	El Paso, Texas	47 años	5 años	Fábrica	Ciudadano A
Fernando	37	UH	0	Lic	Jiménez, Chih.	27 años	6 años	Hostess	Visa laser
Iván	32	UH	0	Téc	Ciudad Juárez Chih	32 años	7 años	Estilista	Visa laser
Lina	36	UL	3	Secundaria	La Cadena, Durango.	20 años	6 años	Limpia casas	Visa laser
Maribel	39	C	3	Primaria	Chihuahua, Chih.	28 años	6 años	Limpia casas	Visa laser
Ana Velia	35	C	3	Prepa	Camargo, Chih.	6 años	5 años	Limpia oficina	Visa laser
Tere	62	D	1	Prepa	Camargo, Chihuahua.	40 años	30 años	Limpia Casas	Residente
Alonso	55	S	0	Secundaria	Estrada, Zacatecas.	30 años	7 años	Estilista	Visa laser
Javier	48	S	0	Primaria	Tula de Allende, Hidalgo.	25 años	5 años	Albañil	Visa laser

Clave S= Soltero. C= Casado. D= Divorciada. UL= Unión Libre. UH= Unión Homosexual.

Procedimientos

El acercamiento se estableció por medio de contactos previos y con la mediación de conocidos, parientes y amistades, quienes nos presentaron a los candidatos a entrevista y a participar en los grupos focales. Después, se les explicaba el objetivo pretendido y en qué consistía el ejercicio, al aceptar se les prometió absoluta reserva, situación importante sobre todo para aquéllos(as) que laboran sin documentos.

Sobre las entrevistas a profundidad con individuos transmigrantes, la mayoría se efectuaron en el hogar de los (las) entrevistados, sólo dos (individualizadas) asistieron a mi casa. La totalidad de las parejas entrevistadas fueron visitadas en su domicilio.

En cuanto a los grupos focales, uno de ellos se llevó a cabo en el domicilio de la persona (promotora de ventas) que nos ayudó a conseguir a la gente (fueron mujeres que venden artículos de cocina en la ciudad de El Paso). Los dos grupos restantes se reunieron en la cochera de mi casa, donde aceptaron asistir sin mostrar ninguna resistencia.

Esta investigación se divide en cuatro capítulos, en el primero abordo básicamente aspectos teórico-conceptuales. Inicio con el significado de identidad y sus características. Luego analizo la crisis de la modernidad y su influencia en los grupos, en los que incluyo a la familia y su identidad; en este punto introduzco elementos de la posición que ha jugado la familia en el transcurso de la historia, y la influencia que en ella han logrado los cambios y movimientos sociales. También menciono a la identidad desde la visión individual pasando por la grupal, hasta observarla desde la lente social, aquí se tocaron los fundamentos del Estado-nación e identidad regional y los procesos interculturales que establecen a la multiculturalidad como respuesta a la declinante noción de asimilación. Además se aborda la hibridación con sus implicaciones. De manera breve con el fin de contextualizar, me refiero a la migración internacional donde se trata la emigración de mexicanos(as) hacia Estados Unidos, su origen y su desarrollo.

En el capítulo segundo analizo a la familia a partir de sus funciones primordiales, en seguida explico la decadencia del patriarcado y de la familia nuclear, hegemónica durante décadas en la cultura occidental moderna. Señalo cómo la Revolución industrial situó a la familia nuclear como a la familia ideal, y cómo la familia en la época contemporánea ha experimentado una serie de cambios con respecto a su forma más tradicional en cuanto a funciones, composición, rol de los padres y ciclo de vida.

Cito también los movimientos en los roles de género, rupturas de vínculos matrimoniales, el rol de las mujeres en la actualidad, en fin, las familias en transición. Del mismo modo investigo a las familias mexicanas, fronterizas y transfronterizas y sobre todo a las transmigrantes. Mención especial reciben la posición que ocupa en la actualidad la mujer-madre y los efectos demográficos acontecidos en las tres últimas décadas.

En el tercer capítulo "La frontera entre México y Estados Unidos", contextualizo espacial y temporalmente el problema de estudio. Para el análisis de la problemática fronteriza y nacional, trato las fronteras desde una perspectiva que las contempla como un espacio social cultural en que los límites a las relaciones humanas no han existido. Puesto que la frontera juarense es el espacio principal del objeto de estudio, describo algunos antecedentes históricos de la constitución fronteriza para coadyuvar a la comprensión de las relaciones caracterizadas por la desigualdad en que se encuentra Juárez con relación a El Paso.

Las características sociodemográficas de Ciudad Juárez nos ilustran sobre la posición que esta ciudad ocupa en comparación con El Paso y la ciudad de Chihuahua, dentro del contexto nacional y de la entidad chihuahuense. De nuevo se sitúan a los movimientos migratorios internos e internacionales como uno de los principales factores que contribuyen al alto nivel de crecimiento poblacional, ya que según estadísticas proporcionadas por el Instituto Nacional de Estadística, Geografía e Informática (INEGI, 2000) tan sólo durante el periodo 1940-2000, la cantidad de habitantes pasó de poco más de 55 000 a más de 1.2 millones. Otro impulso para el aumento poblacional de la ciudad juarense es, sin duda, la presencia de la industria maquiladora de exportación.

Y para concluir con los capítulos, en el cuarto se realiza el análisis de los flujos de los transmigrantes y sus familias por la frontera Juárez-El Paso. Examina el fenómeno de la transmigración juarense de modo más amplio, al iniciar con los procesos transfronterizos. Reviso también nociones muy generales sobre el idioma inglés y su uso en la frontera, primero por los juarenses y después por los transmigrantes, en los cuales por cierto, se detectó que no hay gran diferencia en el uso de los anglicismos, ya que éstos permean de forma generalizada el habla de la comunidad fronteriza; describo también cómo el idioma español aporta o apoya a la identidad regional, según inquietudes manifestadas básicamente por las madres de familia que tienen a sus hijos en las escuelas de El Paso.

La religión católica se distingue en esta sección, para mencionar algunos antecedentes de su presencia en Ciudad Juárez, la conversión que en los últimos años han tenido muchos habitantes hacia otras creencias religiosas así como las causas o factores que han incidido para el cambio. Las costumbres, por su parte, juegan un papel importante en la conservación o transformación de la identidad juarense. Para concluir toco el tema de la identidad del juarense, sus estereotipos y la hibridación.

I. La identidad

Identidad, concepto y características

Tratar la identidad me obliga, dada la complejidad del concepto, a buscar algunos modelos explicativos o presupuestos teóricos, presentándoseme una panorámica extensa y a la vez diversa y en ocasiones confusa, no obstante, queda claro que la construcción de la identidad no es un todo acabado, sino un proceso sujeto al cambio constante de acuerdo con Giménez (1997), quien hace alusión hacia la lógica entre permanencia y cambio, entre continuidad y discontinuidad, como características de las identidades –individuales y colectivas–. Se manifiesta por la idea de que las identidades se mantienen y duran ajustándose al entorno y recomponiéndose incesantemente, sin dejar de ser las mismas. Se trata de un proceso siempre abierto y, por ende, nunca definitivo y acabado.

La identidad es un elemento inherente al ser humano, sitúa a los demás (el uno y el otro), realiza el proceso de socialización con los integrantes de su mismo grupo o de otro diferente, hace posible a los seres humanos reforzarse intersubjetivamente y desarrollar un espíritu de pertenencia a los grupos sociales, atribuyéndose las mismas características de dicho grupo.[6] La pertenencia fortalece la seguridad y autoestima, si es que el individuo y su familia encuentran y establecen relaciones satisfactorias. Lo contrario sucede si éstos son rechazados por el grupo. Al respecto, Giménez (1997:16) agrega:

La valoración positiva de la identidad, estimula la autoestima, la creatividad, el orgullo de pertenencia, la solidaridad grupal, la

---

[6] La observación de la identidad entre grupos específicos, como los transmigrantes, se aprecia en este trabajo a partir de la perspectiva narrativa. (Vila, 2004)

voluntad de autonomía, y la capacidad de resistencia contra la penetración excesiva de elementos exteriores. La percepción negativa de la identidad genera frustración, desmoralización, complejo de inferioridad, insatisfacción y crisis.

Del Val (2006) expresa que la identidad es un atributo de todo individuo y de todo grupo humano, es condición misma de la humanidad, no existe individuo o grupo sin identidad... es una resultante compleja de situaciones históricas y valoraciones subjetivas, no es un dato inequívoco y comprobable... En primera instancia queda definida por el criterio de autoadscripción y por la aceptación social de la misma, es decir su reconocimiento por "otros".

Giménez (1997), a su vez, incluye otro elemento que me parece fundamental, es el de la relación de inequidad, cuando escribe que la identidad de un actor social emerge y se afirma sólo en la confrontación con otras identidades en el proceso de interacción social, la cual con frecuencia implica relación desigual y, por ende, luchas y contradicciones. Por lo que García Canclini (2005) escribe que la vinculación asimétrica entre sociedades y culturas diferentes es propiciada por la desigualdad tanto interna como internacional generada por una historia de intercambios injustos.

La desigualdad que viven los migrantes mexicanos y sus familias, propicia que muestren mayor fragilidad ante el "otro" (el angloamericano y/o el mexicoamericano). Del escenario de discriminación y racismo nos dan cuenta las noticias a diario. Para ahondar en las condiciones en que vive el inmigrante, los conceptos vertidos por Bustamante resultan en suma interesantes sobre la subjetividad y objetividad de la vulnerabilidad de éstos, puntualizando de la siguiente manera:

...*Vulnerabilidad estructural*, la condición de impotencia que se deriva de una asimetría de poder frente a otros que es sancionada por el Estado. Tal es el caso de los extranjeros-migrantes ante los nacionales, cuando el Estado establece una diferencia de la que se derivan privilegios para los últimos, alude a una dimensión objetiva. *Vulnerabilidad cultural,* el conjunto de valores, ideas prejuicios, ideologías, xenofobias y racismos que se van generando en la sociedad huésped acerca de los extranjeros inmigrantes, que retroalimentan a la vulnerabilidad estructural. La fuerza social de tal elemento cultural, funciona tanto para la producción, como para la justificación, como de las condiciones de la vulnerabilidad estructural. La vulnerabilidad cultural alude a una dimensión subjetiva… (Bustamante, 2002:176).

Situación ante la cual las personas migrantes han reaccionado de diversas formas. Cabría la pena reflexionar sobre cómo viven los transmigrantes esta serie de conflictos de discriminación, raciales, y de qué manera su identidad juarense se fortalece o bien, se disminuye.

Para la identidad puedo decir que una de las condiciones que hacen compleja la comprensión del fenómeno es tal vez la diversidad de percepciones, así como la corta edad que tiene el estudio del concepto, aunado a la reciente pero abundante literatura que el interés del nominal ha despertado. Otra parte de la complejidad de la identidad de las sociedades modernas, delinea González J. (2004), es que no existe el monismo, es decir, una causa única de pertenencia (como raza, religión, política, etcétera), sino un conjunto de elementos circunstanciales, impositivos y voluntarios.

El concepto, como plantean Béjar y Rosales (2006), ha tenido diferentes connotaciones e interpretaciones. Es una de las palabras que adquiere su significado actual en ciertas circunstancias históricas que cambiaron la percepción de la identidad como un dato simple y controlable, de una posición complicada, móvil e inestable. Además el concepto de identidad dentro de las ciencias sociales es relativamente reciente, los autores argumentan que para comprender sus múltiples significados en nuestra época es necesario recordar su polisemia. Se puede utilizar para analizar las

34

crisis de identidad que se presentan a lo largo de la vida, lo mismo que para comprender comportamientos sociales.

La identidad puede pensarse entonces como el lado subjetivo de la cultura, considerada bajo el ángulo de su función distintiva. Esto significa que la posibilidad de distinguirse de los demás tiene que ser reconocida por los otros en contextos de interacción y de comunicación. Bartolomé (2006) manifiesta que las identidades se construyen en contraste con otras. La identidad, por consiguiente, no es una esencia, un atributo o una propiedad intrínseca del sujeto, sino que tiene un carácter intersubjetivo y relacional.

Al mismo tiempo, en diversas formas expresivas se realiza el doble proceso de interiorización de lo social y de exteriorización de la subjetividad. La identidad se instituye como un proceso dinámico que articula lo individual y lo colectivo, lo cercano y lo lejano, lo semejante y lo diferente. La subjetividad, presente en las anteriores aportaciones, tal vez se complejiza aún más, justo por la imposibilidad de relacionarla con situaciones concretas objetivas, sin embargo, son condiciones necesarias que se viven al pensar en la identidad y su construcción, pues resulta imprescindible enfatizar las relaciones establecidas con los otros.

En el caso de los migrantes mexicanos que se van al país del norte, éstos viven la identidad como un proceso ambivalente: la presencia de dos culturas, de dos percepciones tan diferentes hacia los valores que en cada país predominan, los envuelve en un conflicto donde poco a poco deciden cuál pesa más sobre ellos y sus familias, o bien, realmente se realiza una combinación (hibridación) de las dos culturas. Hay que tomar en cuenta que para ellos lo lejano se convierte en cercano y lo diferente poco a poco se asemeja más, esto último por el trato cotidiano con los otros (angloamericanos y/o mexicoamericanos). El encontrarse en esta convivencia cotidiana con los otros podría fortalecer su propia identidad y la de sus familias o bien disminuirla paulatinamente.

Al tratar de caracterizar el proceso de la identidad y resumir las cualidades primordiales y necesarias, Del Val (2006) nos presenta para su discusión de manera propositiva lo siguiente: la identidad, las identidades, son atributos de todo ser social, es pertenencia y, por lo tanto, exclusión. Cualquier individuo, en cualquier cultura, participa en un número variable de agrupaciones que le otorgan identidades específicas. Las identidades implican conciencia de las mismas y, en tal sentido, se expresan con singularidad. El mismo autor (1987) nos habla sobre las posibilidades de participación identitaria de un individuo llamándolo "plano de identidades". Como un intento de aproximación al fenómeno lo desglosa en niveles y clarifica las formas de adscripción y la asunción voluntaria o no de los mismos. También denomina las dimensiones de la identidad, en las que se encuentra el tipo de relaciones que establecen los niveles de alteridad, sociales personales, sociales abstractas y sociales imputadas.

Y argumenta que en el nivel primario (individuo y familia) es imposible no participar, ya que nos es dado como segunda naturaleza, con dimensiones de alteridad. Giménez (1997:5) manifiesta que "el hombre moderno pertenece en primera instancia a la familia de sus progenitores; luego, a la fundada por él mismo, y por lo tanto también a la de su mujer…"

En este plano de nivel primario, encontramos que es precisamente el deseo de unión familiar lo que ha ocasionado el que muchas personas se vean obligadas a emigrar al país del norte con el propósito de buscar a sus parientes, los cuales en efecto nos fueron dados por naturaleza. "A nuestros padres y hermanos no los escogemos, nos son asignados por Dios", es una expresión coloquial escuchada en reiteradas ocasiones por los entrevistados en esta investigación.

En el nivel de la comunidad –barrio, banda, otras– la asunción de identidad es voluntaria, y las dimensiones son relaciones sociales personales. El barrio, los vecinos, son espacios y personas añoradas por los transmigrantes, quienes se ven obligados a quedarse por mes o por semana en el país del norte, revelando que se les hace largo el tiempo que deben permanecer allí (por lo general en departamentos pequeños que rentan en El Paso) "sin gente en las calles, y sin ruido, y suspirando por mi juaritos".[7]

En los niveles de etnia y religión, también la asunción de identidad es voluntaria y la conciencia positiva de participación es necesaria, ya que implica formas de adscripción abstracta. La etnia se encuentra fuera de la dimensión de las relaciones personales concretas, es por tanto una categoría de adscripción abstracta que requiere de una voluntad de participación para poder expresarse como forma de agrupación.

En la frontera no se denota tanto la adscripción étnica de los habitantes, sin embargo, la religión tiene una representación marcada, ya que la presencia de otras creencias arribadas de Estado Unidos, ha logrado permear a los juarenses, y tanto en el centro de la ciudad como en las colonias ya se observan grandes edificaciones construidas por los hermanos.[8] Por otro lado, la frontera juarense ya exhibe mayor población originaria del sur y centro del país, lo cual ha propiciado el refuerzo de la religión católica (en el capítulo IV se verá este rubro más ampliamente).

Con relación a la clase social, Del Val (2006) argumenta que ésta es un nivel específico de la identidad, tiene determinaciones particulares surgidas de la ubicación concreta en la estructura productiva de la sociedad, esto es en las relaciones de producción.

El nivel nacional de identidad expresa una identidad institucional, por lo tanto, su adscripción es obligatoria, aun a pesar de que, como ocurre o puede pasar con algunos individuos, éstos no asumen el ser mexicanos como criterio relevante de identidad, ya que se puede renunciar a ésta bajo la condición de asumir otra identidad nacional. Ejemplo de esto es cuando los migrantes mexicanos deciden jurar bandera estadounidense convirtiéndose en ciudadanos de dicho país.

---

[7] Rosa, persona entrevistada, que manifiesta su preferencia por vivir en Ciudad Juárez y su rechazo por las condiciones de vida que prevalecen en El Paso, vive añorando su terruño y sólo desea regresar cuando su nieta termine de estudiar.
[8] Nombre común con el que se les identifica a las personas de cualquier otra religión por los juarenses católicos, por lo regular son pentecostales, cristianos o protestantes.

El plano de identidades propuesto por Del Val (2006) resulta un intento para clasificar y clarificar de algún modo este proceso de identidad, el cual puede resultar perfectible y no pretende agotar la discusión ni llegar a ninguna conclusión. No obstante, resulta un interesante acercamiento a la comprensión del fenómeno.

La crisis de la modernidad y su influencia en la identidad de la familia

En este espacio he decidido recorrer algunos antecedentes importantes que ordenen y guíen el trabajo aquí propuesto, para tal efecto abordaré la crisis de la modernidad como preámbulo y contexto en el que transita la identidad y lo que a la familia le ha acontecido debido a los mismos cambios.

En este sentido realizaré una breve descripción de dichos fenómenos. Giddens (2004) narra que la modernidad se refiere a los modos de vida u organización social que surgieron en Europa desde el siglo XVII, y cuya influencia los han convertido en más o menos mundiales. Las formas de vida de la modernidad arrasaron con todas las modalidades tradicionales del orden social, luego presentándose la crisis de la misma desde la segunda mitad del siglo XX.

París (1990, XX) puntualiza los tres espacios que son afectados por esta vorágine vivida en la sociedad: una crisis de modernización económica que consiste en el final del crecimiento industrial y en el agotamiento de los recursos para el desarrollo; una crisis en la modernización política que se plasma en la pérdida de funcionalidad de los enormes aparatos burocráticos y de credibilidad de los proyectos políticos y de las utopías y una crisis de modernidad cultural, en la que dejan de existir las vanguardias artísticas, la producción estética se integra a la producción de artículos de consumo y el arte pierde contenido para volverse una producción deliberadamente superficial, confundida muchas veces con la publicidad.

Por su cuenta, algunos otros autores describen los acontecimientos considerados por ellos como representativos de esta situación convulsa para la sociedad. Harvey (2004), por ejemplo, menciona que en la "crisis de la modernidad" los sucesos que se dieron como fenómenos marcan el inicio justo de la posmodernidad; el movimiento del 68 debe ser considerado como precursor político y cultural del surgimiento del posmodernismo.

Por ello cabe el estudio sobre la manera en que vive la familia esta dinámica social. En este lapso histórico las familias observan diversos modos y acuerdos, y desempeñan funciones que explican su transformación. Podemos ver por ejemplo, que éstas viven la disminución del poder del patriarcado en el cual se privilegia la posición del padre en el hogar constriñendo a la madre a una posición secundaria. La modernidad se caracterizó por un proceso de secularización que llevó, durante los siglos XVII y XVIII, a una separación entre lo público y lo privado. La familia se aisló, adquirió las funciones afectivas y socializadoras y asumió la transmisión de la vida, la conservación de los bienes, la protección de la honra y la vida.

Con el nacimiento de la familia burguesa surge la familia moderna, la cual supervalora la relación madre-hijo, y después, igual que la modernidad, empieza a mostrar signos de decadencia como familia patriarcal. Giddens considera que

> las relaciones de parentesco para la mayoría de la población, mantienen su importancia, especialmente dentro del marco de la familia nuclear, pero han dejado de ser las portadoras reales de los vínculos sociales intensamente organizados a través del tiempo-espacio (Giddens, 2004:105).

Esto es indiscutiblemente cierto, a pesar de la cautela con la que ha de tomarse la tesis de que la modernidad ha ocasionado el declive de la familia (entendida en lo tradicional como se ha presentado en su forma ideal, la familia tipo nuclear), y a pesar del hecho de que ciertos ambientes locales continúan siendo el eje de las importantes redes de derechos y obligaciones que resulten del parentesco. El tema sobre familia lo abordaré con mayor profundidad en el capítulo II, sin embargo en este espacio he revisado algunas aportaciones generales relativas al papel que cumple en la transmisión de las identidades.

El tener conocimiento de los antecedentes históricos y de las relaciones de los grupos sociales ante los cambios, ya sean políticos, económicos o culturales, da la comprensión de lo que acontece en los grupos de migrantes y transmigrantes, sus familias y sus procesos identitarios. Béjar y Rosales (2006) comentan que la identidad nos remite a imaginar sistemas de relaciones complejas interactuando internamente, pero éstos enmarcados en contextos sociohistóricos más amplios acorde a las circunstancias.[9]

El siglo XX también vivió varios acontecimientos que han marcado los imaginarios y las culturas.[10] En efecto, la percepción de la identidad se ha observado desde diferentes ópticas conforme se dan nuevos eventos y transcurre el tiempo. A esta serie de sucesos sociales habrá que agregar los grandes flujos migratorios

---

[9] El Siglo XX trajo cambios históricos muy profundos, entre los cuales destaca la crisis histórica del socialismo y la configuración de un nuevo orden mundial con la hegemonía de Estados Unidos, la conformación de la Unidad Europea y una geopolítica donde resalta la presencia de Japón, China India, el surgimiento de Rusia, algunos países asiáticos y, para el contexto latinoamericano, Brasil. En el caso de México resulta significativa la integración económica con Estados Unidos y Canadá (Béjar y Rosales, 2006:234). Ianni comenta de las dos grandes guerras mundiales, la guerra fría, iniciada en 1946 a partir del discurso de W. Churchill, en Fulton, EU, la caída del muro de Berlín, a la vez que el capitalismo continuó desarrollándose y difundiéndose en todos los rincones del mundo, el alcance mundial de éste se origina de manera abierta en este siglo, adquiere nuevas características al término de la Segunda Guerra Mundial (Ianni, 2004).

[10] Los atentados a lugares emblemáticos de Estados Unidos y sus consecuencias, sus secuelas, entre ellas la guerra contra Irak, la redefinición de los conflictos geopolíticos como choque de civilizaciones.

que se han acelerado en las últimas décadas, estos hechos nos sitúan en un mundo complejo en el que la identidad del individuo y la familia se ve envuelta.

Como afirma Giménez (1997:14), la tesis de la modernidad no nos debe llevar a extraer conclusiones apresuradas de la observación de ciertos procesos de cambio cultural por "modernización" en las zonas fronterizas o en las áreas urbanas. Así, por ejemplo, los fenómenos de "transculturación", "aculturación", no implican automáticamente una "pérdida de identidad", sino sólo su composición adaptativa, incluso pueden provocar la reactivación de la identidad mediante procesos de exaltación regenerativa...

> Si vas el cuatro de julio a Estados Unidos, pues ves un montón de cuetes, muy bonito, muchas luces y toda la gente, vuelta loca y tomando sus *bud light*. Pues sí, está padre, también tú te tomas las *beers* y también ves las luces bonitas, pero no te integras en sentimientos, en cambio, vienes acá a México –aunque sea a un pueblito chiquito, donde ni conozca a nadie–, al grito de Independencia y... tú feliz, realmente lo sientes, eso sí lo sientes, ahí es donde no puedes negar tus raíces, ahí sí lo vives...[11]

Para Ortiz existe una diferencia en los términos aculturación y transculturación. Por tal motivo, resulta importante traer a este documento las ideas del autor cubano sobre dichos fenómenos, sus aportaciones vendrán a clarificar y especificar de una manera simple la diferencia. Desde un punto de vista más latinoamericano, el autor habla de tres etapas en las que se vive este proceso de transculturación. Primero menciona una pérdida parcial de la cultura que puede alcanzar diversos grados y afectar variadas zonas,

---

[11] Así se expresa Lorenzo, quien durante la entrevista se manifestó muy nacionalista, siempre añorando estar y trabajar en México.

trayendo consigo siempre la pérdida de componentes considerados como obsoletos.

La siguiente etapa es la incorporación de la cultura externa, y por último el esfuerzo de recomposición mediante el manejo de los elementos que sobreviven de la cultura originaria y de los que vienen de afuera. Se puede decir que hay pérdidas, selecciones, redescubrimientos e incorporaciones, y que estas operaciones se resuelven dentro de una reestructuración general del sistema cultural. Por otro lado, la aculturación refiere al proceso de adaptación a una cultura, o de recepción de ella, de un pueblo por contacto con la civilización de otro más desarrollado. (Ortiz, 1947)

El individuo y la identidad

París (1990) advierte el aspecto individual de la identidad y lo explica desde la concepción del psicoanalista André Green,[12] quien expuso las tres dimensiones fundamentales de ésta. En primer lugar da al individuo una noción de permanencia, le da puntos fijos de referencia a lo largo de su propia historia personal; en segundo lugar, le brinda una existencia en estado separado, es decir, marca las fronteras de su *yo*, circunscribe su unidad y su cohesión; finalmente le señala su semejanza o diferencia con otro yo, la identidad da la posibilidad al individuo de relacionarse con el otro.

Bartolomé (2006:96) dice que reconocer la diferencia de otro es un dato fundamental para la existencia de toda colectividad humana. De hecho, sólo nos podemos identificar con "un nosotros" a través de la presencia y el contraste con "los otros…"

Además del "otro, otros" intervienen más elementos y circunstancias que van a jugar un papel clave en la cimentación de la identidad. González J. (2004) trata sobre el aspecto del individuo y su identidad desde el enfoque de la psicología social y justifica al decir que en su construcción intervienen "él" y otros elementos

---

[12] En el seminario "La identidad", 1981, organizado por Lévi-Strauss.

circunstanciales, naturales o externos, independientes del individuo (lugar donde nace, raza, etnia, cultura, estatus e inclusive las actividades que realiza), y actos de voluntad (imagen y objetivos que persigue) definidos por la psicología del individuo, su motivación personal, necesidades, intereses, etcétera, obligándolo a categorizar y redefinir valores, objetivos e imágenes (proceso cognitivo). Estos elementos, en retroalimentación dinámica ilimitada, favorecen el sentimiento de pertenencia y compromiso con distintos grupos.

Esta es la idea de Smith (1998) acerca de la constitución del *yo* individual: el yo está constituido por múltiples identidades y roles, primero de género el cual nos define, la más evidente y fundamental, es universal e impregna todos los ámbitos, son el origen de otras diferencias y subordinaciones y a pesar de ello ésta posee menor poder de cohesión. Hay que recordar que la identidad se construye en función de que el yo se pueda comparar con el otro, ya lo mencionan los autores consultados, y concorde el tiempo ha transcurrido podemos ser testigos (as) que poco a poco el poder de cohesión de la mujer, al aludir al género, ha ido en aumento.

La familia en la actualidad ha mostrado algunas variaciones en su conformación y en la transmisión de los roles que se juegan dentro de ella. No obstante los cambios manifestados en las últimas décadas, conserva su importancia como transmisora tanto de las identidades regionales/nacionales como de la identidad de género.

Smith también describe el elemento socioeconómico (clase social), cuyo poder del sentido de identidad tiene limitaciones evidentes: estos factores están sujetos a rápidas fluctuaciones, el interés económico personal no propicia identidades colectivas, y además está disperso de forma territorial.

Espacio o territorio: la identidad local y regional son de igual manera extensas como las de género y, aunque están separadas geográficamente y divididas socialmente, poseen mayor cualidad cohesiva que las anteriores. Pues el área geográfica viene a jugar un papel decisivo. Lo he podido constatar en las entrevistas con algunas personas que trabajan en el extranjero y viven en Ciudad Juárez, quienes se niegan a dejar a su patria grande y chiquita, refiriéndose a México y Ciudad Juárez, arguyendo que ésta es única e insustituible, mostrando así una cohesión fuerte hacia sus tradiciones y su espacio mexicano y fronterizo.

Religiosa: nace de las órdenes de la comunicación y la socialización, relacionada estrechamente con identidades étnicas, la mayoría de las comunidades religiosas coinciden con grupos étnicos. La identidad étnica tiene gran similitud con la religiosa, a menudo se solapan y afianzan y al actuar juntas o separadas son capaces de movilizar y sustentar comunidades fuertes, las dos tienen origen en criterios culturales. La religión, en este caso católica, propicia una fuerte adhesión a las costumbres mexicanas, como lo veremos más adelante. Sin embargo, hay que puntualizar que todas estas identidades se basan en clasificaciones que pueden ser modificadas e incluso abolidas.

Bizberg (1989) menciona que este renovado interés por el individuo es una reacción a las teorías sociales que postulan la preeminencia del Estado sobre el individualismo y que resulta apropiado, sobre todo en los últimos años, frente a los distintos diagnósticos de la dominación del Estado sobre la voluntad del individuo. La discusión en torno a este último no tiene sentido si no se habla de identidad, que es lo que lo constituye, su contenido, su sustancia, lo que le da significado a su acción en la medida en que lo relaciona con el mundo.

El grupo, la familia y la identidad

No cabe duda de que la familia como grupo pasa a jugar un papel determinante en la influencia sobre los individuos. Baste pensar que es el primer conjunto al que pertenecemos y que a partir del proceso de personalización, y también de socialización realizado dentro de éste, nuestra identidad se fomenta y conserva. La influencia de la asociación del individuo en el grupo es determinante y la perspectiva individualista, de autonomía y no dependencia hacia el sistema social, se matiza hacia el grupo. Dada la influencia grupal y familiar se adquieren algunas costumbres, tradiciones y hábitos, por ejemplo los aspectos morales y religiosos, los cuales sirven de guía espiritual y son influyentes dentro del proceso de construcción de la identidad. En el migrante y transmigrante, por ejemplo, la moral es una condición que lo separa justo de la otredad, según testimonios escuchados en los encuentros con personas transmigrantes. "Las jóvenes americanas no llegan al matrimonio vírgenes y las nuestras aún se conservan sin tener relaciones sexuales antes del matrimonio."[13]

Éste y otros testimonios relativos a la moral –rechazo al aborto, a la homosexualidad, de la posición de la mujer "mandona" y el hombre "mandilón", de la poca atención a los hijos, etcétera–, muestran cómo las personas trasmigrantes sienten y expresan esa diferencia con relación a los americanos, sustentando "estar mejor" que ellos. París (1990:73-74) opina de la influencia del grupo en el proceso de identidad:

> El individuo sólo puede definir su propia identidad (es decir realizar su proceso de personificación) al interior del grupo, como socialización; pues el Otro es el poseedor del código de lo simbólico, y a través de él puede el yo adquirir las normas de comportamiento, los límites de sus aspiraciones.

Otro aspecto relevante para el individuo en el grupo es la similitud, por lo que González J. (2004:12) aporta que

> la idea de pertenencia, proximidad y similaridad, genera la percepción grupal como unidad. Las identidades grupales[14] cubren no sólo una necesidad autoexplicativa, sino que

---

[13] Así argumentan dos madres de familia asistentes a un grupo focal, en el momento en que se aborda el tema de la familia.

[14] La misma autora (González) escribe que cuando hablamos de identidades es necesario hacerlo en plural, ya que el individuo asume varias a la vez que pueden ser reales o imaginarias, cognitivas o afectivas, individuales o colectivas.

garantizan su continuidad y vinculan ideologías con acciones. Los individuos se sienten en general más seguros en un grupo con el que perciben que comparten similitudes.

El grupo, dice también París, es el que tiene el marco normativo, es el que teje la realidad simbólica y las redes del imaginario al interior de las cuales se dibujan los ideales del yo, que a su vez, encuentra también su cohesión y su identidad en esa normatividad general: en valores, imágenes y mitos que lo conforman y que lo distinguen de otros grupos sociales. Dubet (1989) refuerza la idea de la comparación y oposición con los otros, y concluye que la pertenencia a un grupo que organiza o consolida la identidad se construye por comparación y en oposición a otros grupos.

En fin, la cohesión, el código de lo simbólico, la proximidad, la similaridad, la comparación, la asociación, la identificación y la oposición, son circunstancias y actitudes que encuentran su campo de cultivo dentro del grupo y son además condiciones que proporcionan constantemente al individuo la posibilidad de mirarse en la otredad.

Identidad social y cultural de los migrantes y transmigrantes

Es incuestionable el hecho de que los migrantes y transmigrantes mexicanos que transitan a Estados Unidos se encuentran ante una cultura ajena a sus prácticas, sus normas, valores, su lengua, etcétera, y que en la búsqueda de aceptación se ven precisados o presionados a adoptar algunos elementos culturales de los grupos del país receptor, dentro del cuadro del cada vez más débil proceso de asimilación, ya que en el mundo contemporáneo cargado de procesos interculturales, que su a vez adquiere mayor relevancia, facilita a los inmigrantes ser más selectivos en su formación cultural.

En esa cultura ajena a sus raíces se ha observado que se buscan – la mayoría– para mantener expectativas comunes y compartir su historia y sus símbolos (la bandera, virgen de Guadalupe). Eso lo vimos cuando tomaron las calles de las principales ciudades en Estados Unidos, con una propuesta común y solidaria para encontrar alguna respuesta a sus inquietudes por ser aceptados desde las leyes y la cultura de ese país. En estas acciones de protesta se denotan a través de los rostros, las emociones y sentimientos de los participantes.

Hasta el momento no se ha hecho referencia al sentimiento, que es una emoción relevante de la identidad. La identidad cultural es el sentimiento de un grupo o cultura, o de un individuo, en la medida de que él o ella es afectado por su pertenencia a tal grupo o cultura... La identidad cultural no es otra cosa que el reconocimiento de un pueblo como "sí mismo". Es un proceso que se expresa a través de la lengua, de símbolos y estereotipos que el ser humano va construyendo a lo largo de su vida, no es un fenómeno que pueda explicarse en sí mismo como un proceso racional de conocimiento y aprehensión de la realidad.

La identidad nacional es un referente constante entre los migrantes mexicanos que residen en Estados Unidos. Esto puede verse en algunos comportamientos, por ejemplo, la demanda y consumo de artículos y productos nacionales que les recuerdan su pasado (su niñez, a sus padres, su casa, sus juegos, etcétera). Porque los recuerdos olfativos y visuales les remiten a su identidad cultural. Es común que cuando algún familiar visita su lugar de origen por lo regular regresa cargado de alimentos, bebidas y artículos de primera necesidad que ostentan el sello nacional. Esto que Guarnizo (2007:173) denomina "memorias nostálgicas", ofrece a los migrantes vivenciar la remembranza de su estadía en su terruño. Para sustentar esta idea recurro a las personas entrevistadas:

Griselda: Cuando nos vamos hasta un mes, no sabe cómo extrañamos las carnitas de   puerco, la barbacoa, los tamales.

Jorge: No gorda (volteando a ver a su esposa) y qué me dices del chile colorado y el asado de puerco.

Luis: Yo extraño mucho las flautas de La Pila, los machitos y el pozole… y el menudo, nosotros, como vamos cada mes, lo que podemos cargamos para acá.

Servando: Todos los platillos típicos mexicanos son deliciosos, las enchiladas, mmm… qué rico, se me hace agua la boca.

De acuerdo con este mismo autor, el ser transnacional genera dos procesos identitarios importantes: el deseo de los migrantes de reproducir costumbres y prácticas culturales para mantener sus identidades locales, regionales, nacionales y su ambiente social en el extranjero, así como la demanda considerable de bienes y servicios de su lugar y país de origen como alimentos y bebidas nacionales, música y programas televisivos (Guarnizo, 2007:173).

Es interesante ver la forma en que los grupos se contactan con otros y la manera en que se convierten en instrumentos de normatividad y control social dentro de una cultura determinada. Con relación al término de cultura, sigo la idea de Olivé (2006:31-32), quien la define como

una comunidad que tiene una tradición desarrollada a lo largo de varias generaciones, cuyos miembros realizan cooperativamente diferentes prácticas, por ejemplo cognitivas, educativas, religiosas, económicas, políticas, tecnológicas, lúdicas y de esparcimiento –lo cual significa estar orientados dentro de esas prácticas por creencias, normas, valores y reglas comunes–, que comparten una o varias lenguas, una historia y varias instituciones, que mantienen expectativas comunes y se

48

proponen desarrollar colectivamente proyectos significativos para todas ellas.[15]

La realización cotidiana de las prácticas compartidas fomenta tanto la identidad social como la integración y cohesión. Con relación a esto Dubet (1989) dice que la identidad social se concibe como la vertiente subjetiva de la integración. Es cómo el actor interioriza los roles y estatus que le son impuestos o que ha adquirido y a los cuales somete a su "personalidad social". Esta representación de sí mismo, esta identidad, no es sino otro modo de designar a la integración normativa y el grado de cohesión del grupo que el sentido de pertenencia sostiene.

Mientras más compleja y dinámica es la sociedad más se concibe al proceso de identificación como un elemento central del orden social, ya que la identidad producida borrará las tensiones entre la "conciencia individual" y la "conciencia colectiva". La identidad encarnará al principio de unidad de las orientaciones normativas, más allá de la diversidad de los roles. González J. (2004:11) plantea que

las identidades o representaciones sociales explican y ayudan a "ordenar" el entendimiento del mundo, es decir, tienen una función simbólica (factual u ontológica) y en otra práctica (instrumental o funcional). Estructurando la postura ideológica del individuo (Serge Moscovici), sus conocimientos, su historia, actitudes, e inclusive la apreciación (subjetiva) sobre los hechos que se presentan (Costalat, 1997).

---

[15] En esta definición el autor toma las ideas de tres investigadores por él estudiados (Kymlicka, 1995; Salmerón, 1998; Villoro, 1998).

En ese andar del migrante mexicano y de su familia por extrañas tierras, en búsqueda de un trabajo, se transforma su identidad,[16] y algunos le han llamado a ese proceso "crisis de identidad". Para hablar de crisis es necesario hacerlo desde una perspectiva holística-globalizadora. En realidad las crisis sociales se deben, sin duda, a un complejo entramado de variables de tipo socioeconómico, territorial, político y cultural, que van a afectar a los pobladores de una nación, sobre todo en el terreno de la identidad.

Dubet (1989:522-523) anota que ésta se encuentra con frecuencia asociada a los temas de cambio y de conflicto, expone que la desviación, la marginalidad y a veces las movilizaciones colectivas se interpretan como síntomas de la destrucción de las fuerzas de la integración, como crisis de identidad… éstas provocan una fragilidad del actor que lo hace mucho más vulnerable a las identificaciones negativas y a la estigmatización.

El abandono de un estatus y de una cultura por nuevos roles incluso deseados, no parece llevarse a cabo sin pagar un precio, más o menos alto, de una crisis de pertenencia o de identidad. El actor corre el riesgo de no saber "quién es" y a menudo la marginalización, la desviación y ciertos problemas psíquicos pueden surgir de esta crisis.

Con relación a los problemas emocionales a que hace referencia Dubet, Bartolomé cita algunos estudios de psiquiatría realizados en la Universidad de Barcelona en el año 2003, donde el "síndrome de Ulises", en alusión a los peligros y angustias que sufrió el mítico navegante, cuyos síntomas son ansiedad, depresión, trastornos disociativos, psicosomáticos e incluso psicóticos, el migrante también suele sentir a nivel más o menos inconsciente que el tiempo transcurrido fuera de su lugar de origen "no vale', es otro tiempo que rige en el nuevo espacio, lo que le provoca dolor al ver que cuando regresa que ni él ni los otros significativos son los mismos. (Bartolomé, 2008:58)

---

[16] Vale la pena recordar que se sigue la idea de Giménez con relación a la transformación, la cual no afecta en forma significativa la estructura de la identidad.

Esta aseveración convendría matizarla sobre todo en el sector transmigrante de las poblaciones fronterizas-mexicanas, pues al parecer mientras se continúa con las entrevistas a dicha población, no se expresan la desviación ni los problemas psíquicos a los que alude este autor. Es muy posible que algunos migrantes sí vivencien esas experiencias. Ahora hay que tomar en cuenta que, si bien es cierto que en época de crisis se puede dar la maleabilidad de las identidades, por otro lado también se refuerzan.

Las revoluciones, disturbios o crisis generalizadas dentro de una sociedad crean en sus ciudadanos suficientes temores de perder su identidad nacional. Verea (2003:46) nos describe el efecto de crisis en los Estados Unidos: el posible colapso de la nación establece angustias que exacerban sentimientos de nacionalismo y nativismo, los cuales a veces se traducen en xenofobia. Y han sido los movimientos nacionalistas los que han fomentado la cohesión social que, por desgracia, a veces se han traducido en histerias antiinmigrantes que influyen en los formuladores de políticas públicas restrictivas para limitar la admisión.

Por otro lado, es un hecho que la globalización ha impuesto nuevos retos no sólo a los estados, pues debido a la creciente movilidad de las personas en el ámbito internacional, cuestiona hoy las bases de la ciudadanía o los sentimientos de pertenencia y lealtad a una sola nación, son quienes hoy cuentan con doble nacionalidad o hasta triple, es más, algunos viven en un país y trabajan en otro, inclusive sin ser ciudadanos de este último, observándose así la transmigración, la cual se refiere a los movimientos de población de manera circular y cotidiana entre las inmediaciones de ambos lados de la frontera.

La realidad es que la identidad nacional, tal como la regional, la local, la individual, grupal, etcétera, está en constante proceso y transformación, permeada por entero por los constantes cambios acaecidos en la sociedad; su vigencia y sentido están vinculados a las variantes que adquiera el fenómeno nacional en el capitalismo globalizador. Hoy en día subsisten enormes problemas de pertenencia como ciudadanos, por ejemplo entre indígenas y sus comunidades, entre inmigrantes indocumentados y sus países de origen, entre refugiados y sus comunidades.

Dichos fenómenos han impactado y hasta erosionado los diferentes supuestos de la identidad nacional, han puesto en entredicho el entendido de que los habitantes de una nación son la esencia del Estado, entidad que integra a todos los habitantes de un territorio; han trastocado la autonomía estatal, en virtud de que hoy las fuerzas del mercado juegan un papel preponderante y no pueden ser controladas por los gobiernos de los estados, y han puesto en duda que exista una identidad nacional "única" en estados orgullosos de su cultura, supuestamente homogénea. Estos tres aspectos aún están en discusión y más adelante se tocarán, sobre todo desde el punto de vista multicultural.

En síntesis, no sólo la población en movimiento vive las consecuencias del desplazamiento, también las familias de los mismos migrantes, las comunidades expulsoras, las sociedades receptoras e incluso los poblados ubicados en la ruta de tránsito experimentan impactos de las migraciones y, por consecuencia, los migrantes han entrado en una dinámica de búsqueda constante de su identidad mexicana, regional o bien, la cercanía con la cultura e identidad del país huésped, que muchas veces realizan una combinación de éstas.

De la asimilación al multiculturalismo

Para abordar a la multiculturalidad, daré primero un recorrido por las características más generalizadas de la asimilación como paradigma hegemónico desde los inicios del siglo XX hasta finales del mismo. Al proponer, en principio, con población inmigrante mexicana su asimilación dentro de los Estados Unidos.

En cuanto a su significado, el término de asimilación ha sido sujeto a varias interpretaciones, se han empleado expresiones tales como asimilación, integración, ajuste, absorción, aculturación, etcétera, en ocasiones pensados como sinónimos y en otras con pequeñas y sutiles diferencias (Herrera Carassou, 2006:162). El vocablo más usado –después de asimilación– por la mayoría de los científicos sociales consultados, es la aculturación (Gendreau y Giménez, Valenzuela, Herrera Carassou).

La ambivalencia ha llevado a que algunos autores enfaticen la necesidad de diferenciar analíticamente aculturación y asimilación. Un ejemplo es Valenzuela, quien sostiene que la "aculturación significa pérdida de rasgos fundamentales de la tradición cultural, así como la incorporación de nuevos rasgos culturales. En cambio, para él, asimilación es la integración social, económica y política de un grupo étnico minoritario al sistema dominante". (Valenzuela, 1998:63)

Es el término aculturación el que refleja la aceptación de los elementos culturales nativos más indispensables para sostener una convivencia social estable, indica por tanto, el proceso (grado) de adquisición y aprendizaje del migrante, de los modos de comportamiento (incluyen roles, hábitos, actitudes, conocimientos en el lugar de destino).

De cualquier manera, ya sea asimilación, ya aculturación, ambas expresiones se refieren al proceso de absorción cultural de los grupos considerados menos desarrollados (en este caso inmigrantes) por los grupos o naciones desarrolladas y/o dominantes. Ahora hay que referirse al camino que ha seguido el proceso de la asimilación de los migrantes mexicanos en Estados Unidos, siendo éste nuestro principal punto de análisis.

La asimilación a principios del siglo XX se conceptualiza como un proceso lineal, unilateral donde los inmigrantes se subordinaban a la cultura huésped, al adoptar el lenguaje, la cultura y los valores. La pretensión era sustraer por completo a los migrantes de su bagaje cultural étnico para integrarles los nuevos valores culturales adquiridos de la sociedad huésped. Las condiciones sociales se prestaban para solicitar o presionar a los inmigrantes hacia una pronta asimilación.

Los inmigrantes mexicanos –primera y segunda generación– respondieron a esta solicitud presionados por las políticas migratorias de asimilación de aquellos tiempos, aunque justo es reconocer que algunos deciden asimilar, sin mayor problema, las costumbres angloamericanas. A principios del siglo XX, en Estados Unidos la asimilación era americanización, para lo cual los esfuerzos de los gobernantes estadounidenses tendían a lograr que los inmigrantes se asimilaran. Según ellos, con esa actitud lograban la cohesión social y la integración cultural:

Asimilación al estilo norteamericano según la cual los inmigrantes eran aceptados si adoptaban el inglés como lengua nacional, se enorgullecían de su identidad estadounidense, creían en los principios del credo americano y vivían de acuerdo con la ética protestante (independencia, trabajo duro y rectitud moral) (Huntington, 2004:218).

Al paso del tiempo, en Estados Unidos las fuerzas hegemónicas (dirigentes políticos y poderes económicos) modificaron sus pretensiones asimilacionistas y poco a poco los inmigrantes y sus familias se convierten en grandes consumidores –entre otras cosas– . La asimilación de los inmigrantes actuales tiende a ser más lenta y menos completa y es distinta a la de los inmigrantes del pasado. A finales del siglo XX la asimilación ya no significa americanización y sí resulta problemática en el caso de los mexicanos y otros hispanos (lenguaje y cultura totalmente distintos), lo cual hace que las políticas sobre la asimilación cambien, ante esta perspectiva las condiciones son diferentes.

Por otro lado, se sabe que Estados Unidos es un país hegemónico desde el punto de vista político, económico y cultural, ha vivido a lo largo de su historia múltiples flujos de inmigrantes de muy diversas procedencias geográficas y culturales. Muchos han visto en esta nación la posibilidad de prosperar económicamente y alcanzar el sueño americano, pero los actores sociales participantes tienen ciertas particularidades, no es lo mismo inmigrantes provenientes de países lejanos como los de Europa o de Asia, a aquéllos que llegan de América Latina, en especial de México. Estos últimos por su cercanía geográfica tienen la posibilidad de permanecer vinculados a sus comunidades de origen y, por lo tanto, de reproducir de forma continua sus costumbres.

La situación social, laboral y urbana en que están en la actualidad los inmigrantes mexicanos en Estados Unidos, ha cambiado. Hoy por hoy existen nuevas oportunidades para la población mexicoestadounidense, la salida de los barrios de algunos mexicoamericanos propició una interacción con la población angloamericana y de otras nacionalidades, los matrimonios interétnicos, de igual manera los mexicanos que migran ya no son en su totalidad de baja escolaridad o preparación, el comportamiento migratorio mexicano ya se ha modificado. Medina señala que

el nuevo perfil de los migrantes ya no es sólo de características rurales, como era tradicionalmente en las décadas de los cuarenta y cincuenta, muchos pertenecen a la llamada clase media, en el aspecto educativo/formativo ya se contempla la presencia de profesionales, maestros y todo tipo de universitarios (Medina, 2003:359).

Aunada a la paulatina desaparición del dominio mostrado por las políticas de asimilación durante casi un siglo, y al proceso de globalización promovido por el desarrollo acelerado de las tecnologías de información y comunicación, la convivencia entre diversas comunidades culturales en Estados Unidos es cada vez más intensa, lo que propicia acciones de diálogo intercultural pero también múltiples espacios de conflicto. Como dice Díaz-Polanco (2006), aunque la identidad no sea producto de la globalización, su destino está fuertemente determinado por el neoliberalismo globalizador, el cual pretende ignorar las particularidades, la pluralidad étnica y las maneras distintas de vivir.

Las anteriores aportaciones sólo dan cuenta de una realidad tal vez más compleja. Ahora veamos algunos antecedentes de la multiculturalidad. Desde la lente de Olivé (2007) existen dos posiciones filosóficas ante la otredad que anteceden al multiculturalismo, mencionarlas proporciona mayores elementos para el conocimiento del tema: la absolutista y universalista[17] y la relativista,[18] ambas presentan algunos inconvenientes por reducir las relaciones interculturales a un esquema asimilacionista, el primero, o diferencialista el segundo.[19] Ante este enfoque, el autor

---

[17] Es la que ha seguido la cultura occidental con su ciencia y tecnología. La defensa de esta línea descansa en una idea fuerte de racionalidad: hay una única racionalidad y los seres humanos que se comportan racionalmente deben llegar a las mismas conclusiones y ejecutar acciones similares en circunstancias semejantes, y quienes no se comporten racionalmente están equivocados y deben ser corregidos por quienes sí saben hacerlo. (Olivé, 2007:32)

[18] Defiende una idea opuesta. No hay una única racionalidad común a todos los seres humanos. Para tener creencias acerca del mundo o para juzgar como correcta o como incorrecta una acción, desde el punto de vista moral, depende de cada cultura. Por lo tanto, no es legítimo hacer juicios de valor, y ni siquiera juicios en el campo del conocimiento, respecto a acciones o creencias de miembros de otras culturas, una concepción según la cual la comprensión y el juicio de las acciones y de las creencias de los miembros de cada cultura debe hacerse por referencia a los criterios aceptables sólo para los miembros de esa cultura. (Olivé, 2007:33)

[19] Es decir, mientras que el primero considera la asimilación de todos los seres humanos a una sola racionalidad, el segundo presenta la diversidad de

presenta al multiculturalismo como la posición más factible en las circunstancias actuales de globalización.

Entender la multiculturalidad puede resultar complejo, veamos la forma en que lo conceptualiza Gutiérrez (2006), quien argumenta que a partir de la era poscolonial o la llamada "crisis de la modernidad", se ha creado un movimiento de pensamiento que aboga por la pluralidad de discursos, cuestionamientos y debates que se han originado con gran ímpetu alrededor de la necesidad del respeto y tolerancia de las diferencias culturales. El debate y la lucha por el respeto a las diferencias se establece, según Wievorka (2004), desde los años setenta y ochenta y la discusión radicaba básicamente en tres posiciones: combatir las diferencias, tolerar las diferencias y finalmente reconocer las diferencias.

El multiculturalismo debe entenderse como un signo de esta época, resultado de un largo proceso de desgaste que tuvo el pensamiento institucional unitario, cuyo desafío es el de asumir la equidad en la diferencia. Un gran reto, ciertamente deseable, no obstante, lo es un tanto utópico por los intereses económicos, de poder y dominio que privan con preferencia en los países hegemónicos. Díaz- Polanco (2006:34) atribuye el multiculturalismo a una ideología del capitalismo global como propensión a generalizar el colonialismo interno, diserta que éste trata a cada cultura local como el colonizador trata al pueblo colonizado, como "nativos" que deben ser estudiados y "respetados".

La diversidad cultural se volvió un problema con la instauración de la igualdad y la justicia para todos como proyecto de sociedad... continúa Gutiérrez (2006), en unos la igualdad demuestra la homogeneidad, en otros la diversidad justifica la equidad, y es en este campo donde la diversidad se ha convertido en el gran desafío de nuestros tiempos. Según el autor, se debe plantear

---

juicios morales como irreductible, la incapacidad de resolver con criterios comunes las diferencias entre las culturas.

la diversidad cultural como algo en constante proceso de adaptación y no como una imperfección del ámbito social que se debe mitigar.

Esa lógica de la diversidad y diferencia se ha extendido a todos los movimientos y grupos sociales en la actualidad (homosexuales, raciales, autóctonos, étnicos, ecologistas, discapacitados, feministas), a todos los sectores de la relación humana (religión, política, economía, comercial) e involucra a todos los niveles geográficos (mundial, regional, local, comunitario, interpersonal). Según Zizek:

> … el multiculturalismo es una forma de racismo, negada invertida, autorreferencial, un "racismo con distancia": "respeta" la identidad del Otro, concibiendo a éste como una comunidad "auténtica" cerrada, hacia la cual él, el multiculturalista, mantiene una distancia que se hace posible gracias a su posición universal privilegiada. El multiculturalismo es un racismo que vacía su posición de todo contenido positivo (Zizek, 2003:172).

Identidad nacional e identidad regional

En la actualidad la posición del Estado-nación es otro tema que está en la mesa de discusión, por consiguiente, es un protagonista principal dentro del fenómeno de la construcción de la identidad. Del Val (1987:187) escribe que el discurso de la identidad nacional, como pocas veces en la historia moderna de México, está en primer plano. La teoría crítica ha tratado de desmantelar el legado conceptual y las tradiciones, y demostrar la índole imaginaria, inventada e híbrida de este concepto. Esta reflexión de Del Val sólo denota la posición tan cuestionada del Estado-nación por la que se atraviesa en estos tiempos.

Para empezar este apartado veremos algunos conceptos sobre identidad nacional en general. La versión más simple es de Smith,

58

quien define a la identificación como una nación por parte de los individuos, o como colectividad:

> …La identidad de una nación como colectividad, se define como una población humana determinada que ocupa un territorio histórico y comparte mitos y recuerdos, una colectividad, una cultura pública, una sola economía, derechos jurídicos y obligaciones comunes. En segundo término sostiene que las cualidades peculiarmente "nacionales" y la identidad de toda nación derivan tanto de la reserva característica de mitos y recuerdos compartidos como la naturaleza histórica de la tierra natal que ocupa dicha nación. En tercer lugar se entiende el concepto como fundamento social y político, más que psicológico. En cuarto sitio, veremos que, como colectividad la nación no existe más allá de sus miembros individuales y de su legado común de recuerdos, mitos, valores y símbolos… (Smith, 1998:61

En cambio para Savarino (2003) la identidad nacional es el sentimiento o conciencia de pertenecer a una nación particular. Supone la percepción de elementos simbólicos, materiales propios y una frontera nosotros/ellos. Puede surgir espontáneamente, ser impulsada o propagada por los nacionalismos o por el Estado.

Como respuesta hacia las propuestas individualistas, de autonomía y no dependencia hacia el sistema social (Estado-nación), del debate que se ha conformado acerca de la vigencia u obsolescencia del Estado-nación en el momento actual, veamos a algunos autores que en forma abierta se pronuncian en defensa del Estado. Por ejemplo, Savarino[20] comenta "si el nacionalismo es indudablemente el protagonista por excelencia de la transición dramática al siglo XXI, la nación sigue siendo la realidad política

[20] Savarino en el seminario: Nación, nacionalismo y Estado nacional, del doctorado en ciencias sociales de la UACJ, 2006.

fundamental en el mundo de hoy"… a pesar de que en los últimos años el concepto de identidad nacional ha sido objeto de un intenso escrutinio. Además, agrega, convive con otras identidades básicas: religiosa, familiar, regional, de género, aunque tiende a situarse en determinados momentos por encima de todas.

Con base en esa preeminencia del Estado que refiere Savarino, crea su propia forma de conocer, medir y controlar a sus miembros y surgen "las identidades de papel", como son las actas de nacimiento y las diferentes credenciales que crean compromisos entre la población y las instituciones (licencia para conducir, cartilla de servicio militar, credencial de elector, etcétera). Toda identidad (individual o colectiva) requiere la sanción del reconocimiento para que exista social y públicamente (Béjar y Rosales, 2006).

Esta forma de control y de organización-regulación sobre sus ciudadanos de alguna manera le ayuda al Estado a mantenerse. Por otra parte, se explica que, aunque se esté en la era de la globalización, es decir, en la fase actual de la configuración capitalista, no es probable la pronta desaparición del Estado-nación como fundamento de regulación política.

En la otra cara de la moneda están los indicadores que exhiben la insuficiencia por parte del Estado para atender los nuevos cambios, y lo obligan a ceder ante los principios administrativos y económicos que ya se han internacionalizado.

Al mismo tiempo, continúan estos autores, existen indicadores que muestran que el Estado-nación, basado en la soberanía de las instituciones políticas sobre un territorio y en la ciudadanía, resulta cada vez más insuficiente para atender los nuevos procesos en curso, como la desterritorialización, las migraciones y las ciudadanías múltiples.

Finalmente y de manera paradójica el Estado-nación se ve obligado a responder a las demandas del capitalismo global, y a ceder ante los principios administrativos que se han internacionalizado para facilitar los movimientos del capital a través de las fronteras nacionales, al mismo tiempo que detenta los instrumentos de gobierno que controlan y vigilan a sus ciudadanos.

La multiplicación de los estados nacionales en los años recientes ha tenido la función de compensar con un limitado, discontinuo y contradictorio éxito los conflictos y daños de la polarización social provocados por las estructuras y procesos de la incesante acumulación de capital. Lo antes señalado es en lo que se refiere a la identidad nacional, ahora veamos algunas aportaciones sobre la identidad regional.

Para establecer la diferencia entre ambas paso ahora a revisar algunos conceptos y términos vertidos por Lomnitz-Adler (1995), acerca de la cultura en regiones de poder: conceptos como cultura íntima, cultura de relaciones sociales e ideología localista pero sobre todo la cultura regional que establece la dimensión espacial, el espacio social donde se produce la cultura y la identidad.

Estos aportes teóricos vendrán a facilitar el encuentro con la regionalización de la zona norteña de México y las interacciones culturales creadas por los habitantes en dicha área, definiendo los diferentes tipos de contextos o marcos interaccionales que puedan caracterizar a los lugares, y sin dejar de tener presente la integración jerárquica de una cultura regional a través del poder. Es claro que en las interacciones entre las regiones del norte de México y las del sur de Estados Unidos prevalecen características derivadas –entre otras cosas– de la contigüidad física. Sobre ellas ahondaré en el capítulo tercero.

En ese contexto partimos del significado que de cultura regional hace el autor. Es aquella internamente diferenciada y segmentada que se produce a través de las interacciones humanas en una economía política regional. Las diversas esferas culturales que existen en una cultura regional pueden analizarse con relación a la organización jerárquica del poder en el espacio.

Así, es posible identificar grupos de identidad cuyo sentido de sí mismos (o sea los objetos, experiencias y relaciones que valoran, o sus fronteras) se relacionan con sus respectivas situaciones en la región de poder. Pensemos en la región del norte de México, en concreto en la frontera juarense, donde está diferenciada –desde el interior del país– por su localización geográfica y cuya economía depende en gran parte de los movimientos comerciales de su vecino país.

Otro término aquí expuesto por el autor es el de cultura íntima que es la cultura de una clase en un ambiente (lugar) regional específico. Se puede referir tanto a comunidades de clase (colonias, poblaciones, grupos que comparten los mismos espacios de trabajo o de recreación) como a la cultura del hogar. Destaca la posición de la cultura íntima porque toma en cuenta que buena parte de la política que se da en regiones culturales, surge de la tensión entre la experiencia personal en el hogar y la organización o desorganización de las comunidades clasistas.

La dinámica entre los dos aspectos de la cultura íntima (el hogar y la comunidad de clase homogénea) es la base para estudiar el campo regional. En este sentido el hogar se convierte en el ámbito donde se desarrollan los individuos, donde se les proporcionan elementos básicos para relacionarse e interactuar en el campo regional que es más amplio.

Por otro lado, las relaciones sociales en las fronteras tienen una gran complejidad debido a que priva la pluralidad (juarenses nativos de la ciudad, juarenses por adopción, migrantes internos, externos, mexico-americanos, angloamericanos).

Cultura de relaciones sociales (las formas de interacción entre las culturas íntimas organiza la cultura de las relaciones sociales): es el campo simbólico en el que se establecen con objetividad las relaciones de poder entre culturas íntimas. Ésta debe ser analizada en términos de dos tipos de procesos: la mitificación[21] y las

---

[21] Apropiación, recontextualización, refuncionalización y resignificación de un signo o de una serie de afirmaciones, por parte de un grupo social (ejemplo, la figura de Zapata, en Morelos) En la cultura de las relaciones sociales que se ha ido construyendo entre campesinos y políticos, estos últimos mitificaron el zapatismo para adquirir legitimidad como

relaciones sociales de enajenación y fetichismo. El elemento básico de la construcción de toda cultura regional es el desarrollo de un idioma y una mitología que faciliten la interacción entre los grupos involucrados.

Esta conjunción de idioma y mitología crea una cultura de relaciones sociales. En este sentido, las relaciones sociales del fronterizo se tornan un tanto más complejas e interesantes justo por la convivencia con varias culturas –básicamente dos– en las que encontramos diversos mitos, que en ocasiones resultan contradictorios entre sí, y dos lenguas español e inglés.

Ideologías[22] localistas son, de acuerdo también con Lomnitz, las formas en que cada grupo se autodefine y construye, legitima o cede su lugar específico en la región cultural. La ideología es un ordenamiento de uno o más sistemas en una cultura, que afirma la centralidad de un principio cultural sobre otro. La cultura de las relaciones sociales tiende a favorecer el punto de vista de la clase regional dominante, ello se debe a que dicha clase suele controlar los marcos de interacción en que se produce la cultura.

élite, al mismo tiempo, el mito da para negociaciones que se desarrollan entre campesinos (como arma retórica) y políticos. Tales interpretaciones, como ya se indicó, implican una apropiación y recontextualización (mitificación) de la cultura del otro grupo: Asimismo, los grupos sociales tienden a imputar acciones y motivos a otros que se derivan de los propios motivos y poder. (Lomnitz-Adler, 1995)

[22] De acuerdo con Zizek (2004:10) "La palabra 'ideología' puede designar cualquier cosa, desde una actitud contemplativa que desconoce su dependencia de la realidad social hasta un conjunto de creencias orientadas a la acción, desde el medio indispensable en que los individuos viven sus relaciones con una estructura social hasta las ideas falsas que legitiman un poder político dominante". En el caso que nos concierne, al recuperar el concepto "ideología local" propuesto por Lomnitz estamos entendiendo la ideología en el paso de la reconstrucción del concepto, dado por el propio Zizek (2004:23): el momento de la "desintegración autolimitación y la autodispersión de la noción de ideología. El término refiere así a discursos y creencias vagamente relacionados unos con otros, que ejercen una influencia crucial pero restringida a algún estrato social limitado".

Se resume, las ideologías localistas se construyen con base en elementos de las culturas íntimas sin perjuicio de que puedan utilizarse en identidades que trasciendan la clase. La cultura de las relaciones sociales se transforma y se renegocia de manera constante para poder acomodar las demandas comunicativas e interpretativas de poblaciones dominantes y subordinadas. Las culturas regionales cambian de continuo por el hecho de crearse con fundamento en poblaciones culturalmente diversas, y que el poder de una clase dominante fuerza a interactuar entre sí (Lomnitz-Adler, 1995).

Lo anterior nos arroja dentro de las fronteras unas relaciones (interacciones) sociales donde privan el dominio en la región estadounidense y la subordinación en la zona mexicana, que si bien es cierto se transforman y se renegocian pero también se vive en continua desigualdad. La intersección cultural[23] se da desde una perspectiva vertical, donde las relaciones de poder son en general de subordinación del juarense transmigrante hacia el paseño, quien es el que tiene el dinero, el poder.

Así pues, vemos que lo descrito en los anteriores párrafos da evidencia también de una búsqueda tanto de identidad nacional como de la regional. Los ciudadanos se ven confrontados a numerosas situaciones que los obligan a reflexionar sobre su pertenencia y afiliación a la identidad de su nación y su región. Menester es cuestionarse por qué en plena globalización y modernidad, y aún antes de la presencia de estos fenómenos, las relaciones sociales establecidas por las personas continúan en la misma tónica de injusticia social.

Con el fin de reforzar más la idea, veamos algunos aportes de autores que dan cuenta de la situación de inequidad que ha prosperado, y que persiste en la actualidad, y el efecto disruptor que ocasiona también sobre las identidades colectivas, en particular sobre la identidad nacional. Díaz-Polanco (1995:28) viene a resaltar

---

[23] Intersección cultural: conjunto de elementos culturales compartidos por grupos que poseen matrices culturales diferentes. (Valenzuela, 2003)

un aspecto de la desigualdad de gran realidad: "la identidad nacional involucra una estructura compleja de clases sociales en relaciones recíprocas asimétricas, que encuentran no obstante un terreno común de solidaridad en función de la cual desarrollan una forma particular de identidad".

En tanto Olivé (2006) sostiene que el Estado debe garantizar la participación en la vida pública nacional en lo económico y en lo político de los diversos pueblos, y no debería estar controlado por ningún grupo social, político o económico particular, debe servir a todos. A este respecto, me llama la atención el hecho de que algunos núcleos de las poblaciones viven en una condición de inequidad sin que el Estado la haya mitigado y les proporcione una vida más justa, la realidad nos presenta una panorámica contraria.

En el mismo orden de ideas, la historia de los movimientos identitarios revela una serie de operaciones de selección de elementos donde ha operado una desigualdad, en que los grupos minoritarios y con mayores carencias son dominados y subyugados por los grupos hegemónicos con las consecuencias mencionadas. El carácter desigual de las relaciones interculturales, es decir, el hecho de que la construcción de la identidad está ligada a relaciones de poder desiguales, implica que la edificación se dé donde la identidad pueda considerarse ideológica. Al establecer su identidad una práctica cultural construye, reproduce o subvierte los intereses sociales y las relaciones de poder.

En atención a la desigualdad, Ianni (2004:23) menciona que a pesar de las diversidades y tensiones internas y externas, las sociedades contemporáneas están articuladas en una sociedad global que incluye relaciones, procesos y estructuras sociales, económicas, políticas y culturales, aunque operando de manera desigual y contradictoria. En este contexto las formas regionales y nacionales evidentemente continúan subsistiendo y actuando.

En resumen, la gama de sentidos que tiene el concepto de identidad nacional y la influencia del mundo global hacen de este proceso identitario algo fluido y maleable que, como expresa Del

Val (2006:49), se ha expandido y como consecuencia su significado se ha disuelto, convirtiéndose simultáneamente en un concepto estratégico en el devenir de la nación y como tal sujeto de la lucha por la asignación de contenidos específicos.

En esta disyuntiva, la identidad nacional y regional se hace más fluida y maleable y, por consiguiente en la identidad fronteriza al aprovechar esa maleabilidad que aduce Del Val, las familias transfronterizas seleccionan y rechazan las costumbres según sus intereses y sus vivencias.

Hibridación cultural

El término que en este espacio me ocupa ha sido producto de numerosas polémicas y, a la vez, en la última década se ha recurrido con frecuencia a este concepto para dar cuenta de los cambios culturales acelerados por el proceso de globalización, la continuidad del sincretismo religioso y del mestizaje intercultural (García Canclini, 1990).

Por otro lado, resulta interesante revisar cómo el término de hibridación ha recorrido los caminos de la historia, usado desde la época antigua en la Grecia clásica y en Roma, y cómo es que justo en la década final del siglo XX es cuando más se extiende y por consiguiente adquiere más peso y además cómo el mismo concepto se puede aplicar a diversas áreas del conocimiento, en lo biológico, en la música, entre otros.

El interés personal es adaptar el término a los procesos culturales, sobre todo en el de la construcción de la identidad en el contexto de la transmigración. En los tiempos recientes al parecer se han intensificado toda clase de fenómenos sociales relativos a la fusión de expresiones culturales, y la globalización y la posmodernidad se hacen presentes en cada uno de ellos.

Bartolomé (2006) comenta que la cuestión de la hibridación cultural ha provocado en los últimos decenios una atención que parecería equivaler a un tardío descubrimiento. En este sentido, es una continuación de otros conceptos utilizados por la antropología desde hace más de un siglo: el mestizaje y el sincretismo. El mismo autor dice que la hibridación en su manejo reciente proviene de la disciplina de estudios culturales, la que tiene una cierta tendencia a renombrar viejos conceptos con nuevas palabras y está más orientada al análisis de las sociedades de América Latina que a las poblaciones indígenas.

Según este autor, por definición, todas las culturas singulares humanas han sido y son híbridas, ya que son configuraciones resultantes de múltiples contactos culturales tanto del pasado como del presente. Por ello, el proponer la existencia de culturas híbridas suena a tautología. No obstante, se hace necesario insistir en su uso para explicar la construcción de la identidad en las familias transmigrantes.[24] Verea (2003:47) acota que la noción de lo híbrido se ha convertido en el concepto más utilizado para representar el significado de las diferencias culturales en la identidad. El término híbrido sugiere la multiplicidad y variedad de orígenes y muestra que el sentido de nosotros mismos siempre es incompleto.

En los debates sobre identidad se ha propuesto formar una estructura conceptual ante esta situación de inequidad, de pluralidad y diversidad cultural que se presenta en la panorámica global. Desde la concepción de García Canclini (1990) se entiende por hibridación los procesos socioculturales en las estructuras o prácticas discretas que existían en forma separada, y ahora se combinan para generar nuevas estructuras, objetos y prácticas. Cabe aclarar que las estructuras llamadas discretas fueron resultado de hibridaciones, por lo cual no pueden ser consideradas fuentes

---

[24] Así como los conceptos de transculturación (Ortiz, 1982) y transfiguración cultural (Bartolomé, 2006), el de hibridación señala un proceso de transformación de la cultura a través de la permanente influencia (muchas veces hegemónica) de otras culturas grupales, étnicas o nacionales, en un contexto de gran cercanía (o fronterizo).

puras.[25] Para ahondar más en la inexistencia de las identidades puras el mismo autor agrega:

> La construcción lingüística y social del concepto ha servido para salir de los discursos biologicistas y esencialistas de la identidad, la autenticidad y la pureza cultural… no sólo clausura la pretensión de establecer identidades "puras" o "auténticas". Además, pone en evidencia el riesgo de delimitar identidades locales autocontenidas que intenten afirmarse como radicalmente opuestas a la sociedad nacional o a la globalización.

> Las hibridaciones descritas nos hacen concluir que hoy todas las culturas son de frontera. Todas las artes se desarrollan en relación con otras artes: Las artesanías migran del campo a la ciudad; las películas, los videos y canciones que narran acontecimientos de un pueblo son intercambiados por otros. Así las culturas pierden la relación exclusiva con su territorio, pero ganan en comunicación y conocimientos. Hay que recordar que nos encontramos en un proceso de posmodernidad y globalización, con sus consecuentes efectos en la escenografía social, en un mundo de multiculturalidad. (García Canclini, 1990:326)

Sobre la ausencia de pureza y autenticidad de las identidades a la que se refiere García Canclini, Bartolomé (2006:73) explica que no existen las identidades originales o esenciales, verdaderas y falsas, ya que son reemplazadas por otras más o menos legítimas o espurias y cada una de estas manifestaciones identitarias corresponden a un específico momento histórico, y su mayor o menor legitimidad no puede ser objeto de un análisis valorativo por

---

[25] El *spanglish*, nacido en las comunidades latinas de Estados Unidos y extendido por internet a todo el mundo. Tanto el español como el inglés tienen su deuda con el latín, el árabe y las lenguas precolombinas. Si no reconociéramos la larga historia impura del castellano y extirpáramos los términos de raíz árabe, nos quedaríamos sin alcachofas, alcaldes, almohadas ni algarabía. (García Canclini, 1990: III)

parte del investigador ya que es vivida como una totalidad por sus protagonistas.

La hibridación aplicada a las fronteras donde los cruces y los intercambios son quizá más visibles en tanto que en las áreas centrales, no es un fenómeno propio de los espacios fronterizos, se aplica a cualquier territorio latinoamericano que no requiere necesariamente de las cercanías de la frontera (Bartolomé 2008). Resulta oportuno el estudio de la identidad en un espacio de diversidades y diferencias, en un momento de desgaste del pensamiento institucional, donde finalmente se escuchen discursos en demanda del respeto a la pluralidad y diversidad.

Es interesante observar cómo los (las) pensadores(as) actuales han analizado a una sociedad tan diversificada, llena de cambios sociales y crisis. La coexistencia en una misma formación social de categorías, grupos, segmentos o capas de población con diferentes bagajes étnicos, raciales, lingüísticos, religiosos, etcétera, siempre ha llevado consigo la formulación de indicadores culturales, atributos de significaciones objetivas y subjetivas que quizá constituyan la mayor dificultad para el estudio, debido a su extrema diversidad en la que se encuentran el (la) migrante, el (la) transmigrante y su familia.

Son la transmigración y sus repercusiones dentro del núcleo familiar los temas que abordo en el siguiente capítulo, en el que es necesario desarrollar aspectos tales como el origen de las familias en nuestro país, el concepto de familia nuclear planteada como un ideal y la posición que ha desempeñado la mujer en este entramado social de corte capitalista.

II. Familia

Investigar el tema de familia en esta época de grandes transformaciones, las cuales han ocurrido de manera vertiginosa y sin precedente, nos ha llevado a replantear las conformaciones de los grupos sociales tradicionales desde una perspectiva de transición.

En la actualidad nos toca atestiguar cómo los adelantos de la tecnología y de la comunicación han permitido que el fenómeno llamado globalización atraviese las barreras del espacio y penetre hasta los confines del mundo y, desde luego, hasta las paredes íntimas del hogar y de la familia.

Por ejemplo, el desarrollo de los medios de comunicación, en particular internet y la televisión, llevan de forma cotidiana a todos los hogares valores y modos de vida provenientes de culturas lejanas, muchas veces descontextualizados. Los niños y jóvenes en general adoptan modas, estilos y símbolos que reciben a través de los medios, sin conocer realmente el contexto cultural en el que fueron generados.

La globalización ha encaminado una serie de cambios en los aspectos económico, político, social y cultural tan importantes que han provocado la ruptura de tradiciones y costumbres, así como la crisis y reconfiguración de diversas identidades grupales regionales y nacionales. Dichas modificaciones han repercutido en la estructura tradicional de la familia.

Nos encontramos entonces ante un cambio esencial en la organización y las funciones de las relaciones de parentesco. El propósito de este capítulo es analizar el papel que cumplen en la actualidad las familias juarenses transmigrantes en la integración cultural y la formación de la identidad.

No resulta simple elegir a la familia como unidad de análisis sin perder de vista que cada uno de sus miembros es una persona que conserva su individualidad y carácter particular.

Inicio por mencionar las diferentes posiciones que la estructura familiar se ha visto obligada a ocupar en el transcurso de su historia, su importancia como institución, los cambiantes roles que ha representado ante las instituciones tales como el Estado, la iglesia y la educación formal, el desvanecimiento paulatino de la era patriarcal, así como de la imagen ideal de familia nuclear.

En lo fundamental me interesa entender la formación de la identidad de la familia juarense como una unidad integrada por individuos que comparten relaciones afectivas y, a la vez, cuál es el comportamiento identitario de esta unidad familiar juarense en el momento de trasladarse hacia la vecina ciudad de El Paso, con el objetivo de trabajar.

Por tal motivo planteo un panorama explicativo y describo en qué circunstancias se ha marcado a la familia como la protagonista de este entramado social en el mundo contemporáneo, donde se encuentra ya una familia redimensionada y también una variedad de tipos de familias, desde la clásica patriarcal-nuclear hasta las extensas y otras de segundos o ulteriores matrimonios.

El estudio de las familias migrantes y sus circunstancias, así como de la familia transmigrante en Ciudad Juárez, son tópicos donde considero necesario enfocar la lente para observar tanto las causas por las que emigran hacia otro país –si bien, sólo sea para desempeñarse en un trabajo–, haciendo hincapié en las consecuencias de dicho traslado, en la transformación de la identidad y sus efectos en la dinámica de los grupos ya mencionados.

El paisaje social actual nos muestra a una sociedad y su cultura modificada por los principales sucesos que han venido a cimbrar no sólo a la unidad doméstica y sus funciones, sino también a las instituciones consideradas como infranqueables, es decir, la iglesia y el Estado[26] han transformado (al igual que la familia) algunos

---

[26] La iglesia, sobre todo la católica, ha modificado algunos preceptos religiosos que antes se utilizaban. Ejemplo de esto son el idioma latín al oficiar las misas, que se

modos de organización, presionados por las corrientes del mundo capitalista-globalizante. Aunado a esto también han cambiado los roles de la estructura familiar con relación a sus actividades, si en una época la tarea fundamental de este grupo consistía en la protección de sus miembros, conforme avanza el tiempo ésta se vuelve una función secundaria.

Funciones primordiales de la familia

De las funciones, roles y procesos de adaptación a los cambios sociales, políticos y económicos que el núcleo familiar ha desempeñado, se pueden destacar las de su participación en la formación de la identidad de los individuos que lo integran. Ya se ha mencionado que la identidad de los migrantes mexicanos a Estados Unidos no es un todo acabado, sino que se trata de un proceso a veces contradictorio en el que cambian algunos elementos de la tradición de las (os) migrantes mexicanos, mientras que otros se fortalecen ante la presencia de la cultura hegemónica angloamericana.

Más aún dentro de las mismas familias migrantes-transmigrantes existen factores tales como la edad, el sexo, religión y escolaridad que influyen en ocasiones para determinar cómo se permea la identidad en los individuos que la conforman, en contraposición a símbolos y valores de Estados Unidos.

En este contexto de gran variedad de formaciones familiares sobresale la función que éstas desempeñan en la adopción de la identidad y cómo ésta sirve a los individuos para vincularse con su mundo externo, cultural y social. Minuchin (1990) manifiesta que "la familia es una unidad social que enfrenta una serie de tareas de desarrollo, éstas difieren de acuerdo a los cambios de la sociedad, la

---

cambió al utilizado en la región y la vestimenta usada por las mujeres al momento de entrar al templo.

tarea constante es que la familia imprime a sus miembros un sentimiento de identidad". Primordialmente la familia, manifiesta Aylwin, cumple con dos funciones:

… asegura la supervivencia física y construye lo esencialmente humano del hombre, la experiencia de estar juntos, de saberse pertenecedores a una familia, trasmite seguridad e identidad individual a las personas, de igual manera una identidad social vinculándola con la comunidad, con la sociedad, con las generaciones que nos precedieron, de las cuales nos llegan valores, creencias, leyendas, modos de ser comunes, hechos que nos permiten un sentimiento de nosotros. (Aylwin, 1998:1)

En realidad, la función del núcleo familiar –a pesar de los cambios sociales y familiares– continúa siendo un soporte básico en la construcción de la identidad subjetiva (Arriagada, 2006). Con relación a la identidad de los inmigrantes mexicanos en Estados Unidos, es la familia uno de los ejes que la estructuran. Ellos se apoyan en ésta como valor social en un intento por producir una imagen de unidad a partir de ella (Ariza, 2002).

Otra función de suma importancia es la protección de los integrantes de la familia que ha brindado apoyo social frente a las crisis económicas, desempleo, enfermedad y muerte de algunos de sus miembros, la familia se convierte en la única institución de protección social frente a los eventos traumáticos, sobre todo en algunos países con limitada asistencia para el grupo familiar, como es el caso de México.

El cuidado (psicológico y personal) de los individuos que integran este grupo, en lo fundamental niños, enfermos y ancianos, ha recaído históricamente en la madre. Esta atención es compartida en la actualidad por las instituciones que ejecutan las políticas sociales y son encargadas de la seguridad social. No obstante, la intervención de éstas con deficiencias. En México las madres de familia siguen a cargo de dar protección psicológica y personal a niños y ancianos, esto a pesar de que la mujer ya desempeña otras actividades en el espacio público laboral.

Es claro que las tareas y funciones de la familia han sido primordiales en la formación de la identidad, también en el cuidado y protección hacia sus integrantes, además es un espacio que promueve jerarquías y en el que se dan relaciones de poder.

La práctica profesional nos demuestra que la familia no sólo es un espacio de construcción de la estructura psicológica de los individuos, es también un espacio social diferente en la medida de que coexisten en su interior jerarquías de edad y de sexo, donde las generaciones se confrontan mutua y directamente, donde los sexos definen sus diferencias y relaciones de poder. Es un grupo social concreto y empíricamente delimitable que remite a un modelo cultural y su representación. Es un grupo que se relaciona cotidianamente generando una compleja y dinámica trama de relaciones y emociones. No es una suma de individuos sino un conjunto vivo, contradictorio y cambiante de personas con su propia individualidad y personalidad. La sexualidad, la reproducción y la socialización son esferas potencialmente generadoras, tanto de relaciones placenteras como de conflictos. La división interna de roles puede ser la expresión de importantes relaciones de dominación y sumisión en la medida en que configura una distribución de privilegios, derechos y deberes dentro del grupo familiar. (Arias, 1997:6)

Historicidad de las familias mexicanas

En la mayoría de los pueblos prehispánicos imperaba la práctica de la poligamia, al menos entre los estratos más poderosos de la población (por ejemplo, jefes guerreros y comerciantes en la civilización azteca). Se trataba de sociedades patriarcales y paternalistas donde la mujer era educada para ser dócil con el marido y aprendía de su madre las labores del hogar y la religión.

En la civilización azteca y algunos pueblos prehispánicos la estructura social se basaba en una jerarquía rígida donde se estipulaban las virtudes y defectos, así como las actividades permitidas a las mujeres y sus obligaciones familiares y sociales de acuerdo con cada estrato social. Independientemente del origen social, a las mujeres se les exhortaba a que fueran discretas y recatadas en sus modales y en el vestir y les enseñaban todas las modalidades de los quehaceres domésticos que, además de moler y preparar los alimentos, consistían en descarozar el algodón, hilar, tejer y confeccionar la ropa de la familia.

Con la derrota de las civilizaciones mesoamericanas frente a la invasión española, la familia indígena fue destruida desde sus cimientos, a través de la violencia y las enfermedades del viejo mundo. Los pocos sobrevivientes varones fueron vendidos como esclavos, las mujeres como concubinas. Hubo una forma nueva de familia para la Nueva España. La unión con las mujeres indígenas pertenecientes a las élites locales fue utilizada por los conquistadores como sistema de dominio sobre la población autóctona, al implantar la familia nuclear y aprovechar el prestigio de sus autoridades en beneficio del ejercicio del poder.

Elu y Leñero afirman que "En esta época se sabe que la vida femenina estaba íntimamente vinculada con la familia, institución esencial en la socialización económica y cultural novohispana" (1994:20). La mayoría de las mujeres eran analfabetas.

La colonia se caracterizó por un cambio sustantivo en los patrones familiares. Uno de los motivos de escándalo de los primeros misioneros –asumido como un permanente problema a erradicar– fue la existencia de la poligamia. Por todos los medios catequísticos y legales se intentó eliminar la antigua costumbre y suplantarla por el ideal de matrimonio monogámico cristiano, a imagen de la sagrada familia.

No existía el divorcio civil. La iglesia se reservaba el derecho de conceder el llamado "divorcio eclesiástico" cuando lo consideraba pertinente y justificable. La anulación de un matrimonio pese a ser factible resultaba muy excepcional. De forma paradójica los hombres y mujeres de los sectores humildes de la población gozaban de mayor libertad para seleccionar pareja, ya que el matrimonio no tenía repercusiones económicas ni de linaje.

En esta época el gobierno virreinal y la jerarquía de la iglesia católica habían asumido el poder que definía las conductas de las personas, mediante mecanismos de control social impuestos sobre lo público y lo privado (Elu y Leñero, 1994).

En tiempos de la Independencia sucedieron cambios de orden social y en la vida cotidiana de los mexicanos(as), pero no se vio ninguno sustancial en la familia y la posición de la mujer. Dentro de los sectores ricos, la sexualidad y la reproducción de la mujer se mantuvieron al servicio de los intereses familiares o de clase, para los que el matrimonio era la única alternativa de vida aceptable.

Como en siglos anteriores, mientras el adulterio masculino se reducía a una falta contra el amor de la esposa, el femenino ponía en jaque a toda la base social. En este sentido, no se apreció ningún cambio en la posición de sometimiento de la mujer con respecto al hombre.

"Ni la Independencia, ni la Constitución de 1857, ni las Leyes de Reforma fueron capaces de cambiar la cultura que gobernaban entre ambos géneros y la adjudicación de los atributos respectivos." (Elu y Leñero 1994:28) Así sucedió en el conflicto revolucionario de 1910, ya que a pesar de su participación activa, las famosas soldaderas nunca gozaron de alguna prestación especial.

Sin embargo, es interesante señalar la pérdida progresiva del poder de la iglesia católica y el desarrollo de un capitalismo dependiente o neocolonial. El patriarcalismo, como lo señala Meillassoux (1999), fue útil para la evolución de las relaciones mercantiles y capitalistas.

Se puede decir que en la sociedad mexicana en los últimos años del siglo XIX y los primeros del XX impera la ideología patriarcal, retoma la mentalidad de la Europa posnapoleónica que define a la mujer –como un ser débil– con todos los atributos opuestos a los del hombre. Dicha debilidad justifica el paternalismo (Elu y Leñero 1994).

Las familias durante la industrialización

Como producto de la industrialización y el incipiente capitalismo, las grandes y pequeñas empresas familiares fueron subsumidas de una forma drástica por las nacientes industrias, lo que modificaron de manera sustancial los hábitos, costumbres, en fin, toda la organización familiar.

En el periodo preindustrial hombres, mujeres y niños trabajaban juntos en la casa o en el campo, y la familia era una unidad de producción, donde ésta seguía siendo uno de los factores de la economía nacional de principios del siglo XIX, estaba basada en la relación, en el trabajo y el capital dentro de la fábrica. La mecanización de las economías domésticas no había avanzado y las mujeres, los hijos y los demás parientes eran indispensables para la marcha de innumerables e incipientes empresas, así que el éxito dependía, en gran parte, de la solidaridad de la familia, todos participaban preocupados por la buena marcha del negocio del padre-dueño.

Navarro y Sánchez refuerzan esta idea al afirmar que "en sociedades preindustriales la familia es también una unidad económica importante. De hecho, la manera que organizan a las familias se liga tanto a las relaciones de la producción como en la cultura". (Navarro y Sánchez, 1999: xlvii)

A partir de la Revolución industrial (siglo XIX), la familia se convirtió en una unidad de consumo, fue de los acontecimientos históricos que generaron grandes cambios en sus funciones y vida cotidiana, y es aquí en esta época donde se propaga la familia nuclear como ideal.

Difícilmente se podría separar cualquier hecho social sin que fuese alterado por la dinámica tanto económica como productiva, cualquier reacomodo con estas características tiene qué ver con las transformaciones que padecen las familias. Blanco (1998:307) opina que durante siglos el mundo de la economía ha sido un mundo de familias. "Quien habla de la familia tiene que hablar también del trabajo y del dinero." Igualmente considera la economía y la industria como los hilos conductores hacia la reflexión.

Es en el siglo XX donde de manera formal fue más estudiada la familia o las familias por las ciencias sociales. Se estima como esencial el elemento económico dado por el advenimiento del capitalismo, donde observan las familias una dinámica diferente en la que prevalecen las relaciones de inequidad en cuanto al género.

La desigualdad se presenta desde la concepción misma de la familia patriarcal, donde la figura predominante es la del padre-jefe de familia. Son los marxistas los que sostienen el fundamento de la inequidad en el patriarcado. Creen al conjunto familiar como un grupo socializador y formador de la personalidad de sus miembros, pero en una línea de reflexión opuesta al funcionalismo: critican el papel conservador de la familia y el elemento de dominación implícito en ella por medio de la autoridad del padre.

En la familia, el hijo aprende a desarrollar el respeto por la autoridad a través de la idealización de la figura paterna. Engels va más lejos cuando escribe que la familia individual moderna se funda en la esclavitud doméstica más o menos disimulada de la mujer, que esta situación sólo confirma un estado de esclavitud de un sexo sobre otro (Engels, 2005).

Lo cierto es que la supervivencia del patriarcado permanece por el apoyo de las principales instituciones sociales con tendencias autoritarias y aun libertarias, ya que el Estado no ha respondido con la premura necesaria para abatir algunos males derivados de dicha inequidad –al parecer la legitima y reconoce–, un ejemplo de ello es el alto índice de violencia intrafamiliar. Méndez Aguilar (1996:4) manifiesta: "las mujeres son maltratadas dentro del seno mismo de la familia. Nuestra cultura no sólo ha permitido que los hombres crean que tienen el poder sobre sus esposas e hijos también ha creado y reforzado intensamente la posición dominante del hombre".[27] De Sousa a su vez considera a la opresión patriarcal

---

[27] No resulta extraño que hasta la década de 1990, en América Latina es cuando se reconoció a la violencia intrafamiliar como problema público relevante, lo que

como uno de los múltiples rostros de la dominación, y ésta ha sido irresponsablemente pasada por alto por la teoría crítica moderna. Expresa también que es la sociología feminista la que ha generado la mejor teoría crítica (De Sousa, 2005:103).

Cierto es que la autoridad juega un papel muy importante y que ésta es derivada de la dominación y hegemonía establecida por el padre a partir de la aparición del patriarcado, que es coadyuvado por dos grandes instituciones como son el Estado y la iglesia,[28] como bien lo describe la historia. Así es fácil entender que la autoridad la ha detentado el padre-progenitor con sus consabidas relaciones de inequidad. Horkheimer lo explica así: "el juego que sigue la hegemonía, el cual contribuye a fomentar un espíritu general de ajuste y de agresividad autoritaria, más que a fomentar los intereses de la familia y sus miembros". (1998:184)

Algunos autores coinciden que el modelo familiar que reposa en el patriarcado está en plena decadencia. Según Castells "el patriarcado es una estructura básica de todas las sociedades contemporáneas". [...] Sin embargo, muestra un visible debilitamiento. No obstante este último, aún está presente en la sociedad. (Castells, 2004:159)

La gran continuidad de la estructura familiar patriarcal con la subordinación de la mujer como reproductora, y el discurso sobre su supuesta debilidad, sólo pueden explicarse por la importancia que tiene la institución familiar como soporte social del patrimonio burgués y de las relaciones de producción. Meillassoux explica así:

---

propició la creación de mecanismos legales para incorporarlo en la agenda institucional, siendo éste uno de los logros más importantes de los movimientos de las mujeres. En la mayoría de los países latinoamericanos se ha legislado ya, aunque priorizando en el castigo y no en la prevención (Arriagada, 2008).
[28] La religión ha sido una fuente de energía para las mujeres o una fuente de subordinación, o de ambas (Navarro y Sánchez, 1999).

En realidad la institución familiar se perpetuó bajo formas modificadas constantemente, como soporte social del patrimonio de las burguesías comerciantes agrarias y luego industriales. En los medios populares la familia se perpetúa según el modelo ético y en el marco ideológico y jurídico impuesto por la clase dominante, pues sigue siendo la institución en el seno de la cual nacen, se alimentan y se educan los hijos gracias al trabajo benévolo de sus padres en particular de la madre (Meillassoux, 1999:199).

Desde el origen de los tiempos y en las más diversas culturas, la mujer ha participado en la recolección y producción de los alimentos y de los bienes materiales que permiten la sobrevivencia familiar. Empero, en el despertar del capitalismo se generó un discurso y una ideología que la confinaba al ámbito privado, al hogar. Esto sólo sucedía en las familias más pudientes o más ricas. Como lo señalaron muchos autores, la mayoría de las mujeres se vieron obligadas a participar en la producción industrial o agrícola, además de cumplir con múltiples labores de reproducción en el hogar: cuidado de niños y ancianos, preparación de los alimentos, etcétera.

La presencia del colonialismo y del neocolonialismo es advertida por Navarro y Sánchez, comparten que en la discusión moderna del periodo de la opresión de las mujeres en los países del tercer mundo poscolonial se deben tomar en cuenta sus efectos sobre la construcción del género, ya que éstos las marginaron en la economía y las desplazaron en la política. La opresión de las mujeres del tercer mundo es el resultado del sexismo interno y de la dinámica externa inducida (del capitalismo, colonialismo y neocolonialismo mercantiles).

Si se considera a México como un país en desarrollo conviene reflexionar sobre lo que sostienen las autoras cuando dicen que el ser ciudadanos del tercer mundo es tan crucial como el género. Por lo tanto, estudiar a las mujeres en dicho espacio significa analizar una categoría menos dentro de la sociedad y también en las sociedades que se han dominado a menudo en el ámbito internacional. Así, algunas cosas que oprimen a las mujeres, también a los hombres, aunque a veces de maneras diferentes. En realidad las mujeres nunca han sido un grupo monolítico incluso dentro de la misma sociedad. La clase, la raza, y/o la pertenencia étnica podían tener consecuencias significativas para ellas.

Con relación a la conformación familiar, los estudiosos manifiestan que tanto históricamente como en la actualidad, las relaciones domésticas en los países de menor desarrollo (tercer mundo) han implicado un número mayor a la compuesta por la familia nuclear, abarcando una gama de parientes que incluye abuelos, padres, hijos, hermanos y hermanas, los primos, las tías y los tíos, etcétera, incluso cuando esta gente no habita el mismo hogar o compuesto, el sentido de la responsabilidad comunal, obligación y autoridad es vasto y fuertemente sentido (Navarro y Sánchez, 1999).

A lo antes mencionado (colonialismo, neocolonialismo, industrialización y capitalismo) habrá que añadir los actuales cambios sociales y culturales relacionados con la globalización, en particular la transmisión cada vez más frecuente de valores que cuestionan el poder masculino en el hogar y en la sociedad en general, además de la gran movilidad de los individuos que pertenecen a la misma familia y que han provocado una inestabilidad en la estructura familiar: aumento de divorcios, hogares monoparentales, conflictos intergeneracionales y desintegración.

La familia contemporánea: transiciones familiares y cambios en los roles de género

En un aparato social, político y económico, donde estos procesos se han magnificado en una forma impresionante, desde que hace su aparición el fenómeno de la globalización, son los factores económicos, demográficos y socioculturales los que vienen a encaminar a la familia a reformularse, su distribución ha experimentado cambios.

Por otro lado, la posición de la mujer ha logrado penetrar en ámbitos de la vida pública donde en épocas pasadas jamás se hubiese imaginado. A partir de la separación del binomio perverso sexualidad-reproducción al que alude Giddens (2007), la mujer ha logrado una mayor libertad, la cual le abre un preámbulo de variaciones en su posición actual y desde luego en la conformación de la familia, por ejemplo: en el área laboral, su presencia ha significado una variable importante en el espacio público, el rechazo inicial del sector masculino poco a poco ha sucumbido – aunque no en forma total– logrando la mujer una mayor aceptación, hecho que ha significado una notable ausencia de la mujer-madre en el hogar.

Este alejamiento, a su vez, viene a fortalecer la presencia de figuras alternas como los/las abuelos(as) y los(a) tíos(as) que juegan roles importantes dentro de la familia extendida, la que aún conserva un papel representativo en México y en las familias mexicanas en Estados Unidos.

Las transformaciones sociales han permeado en la estructura y dinámica interna de la familia, replanteando los roles y relaciones sociales. Ariza y De Oliveira (2001) proponen las siguientes: macroestructurales y familiares, éstas son de largo alcance y sin duda rebasan el microambiente familiar, aquí se mencionan los aspectos socioeconómicos, demográficos y socioculturales. En el ámbito demográfico se reflejan los descensos de la fecundidad y la mortalidad, el aumento de la esperanza de vida, creciente urbanización, un *ethos* social más individualista. Todo este conjunto de cambios también trae alteraciones en la vida de la familia. Es así que las modificaciones de carácter cultural van a repercutir en la estructura y colocación de este grupo familiar, por ejemplo la nueva imagen de la feminidad ya no está tan centrada en la maternidad. Según algunos autores, por sí sola la pérdida de esta centralidad representa una verdadera revolución cultural, además de la entrada de las mujeres a la educación media superior y superior, la exposición continua de culturas a través de los medios de comunicación y también la inserción de la mujer hacia la actividad económica –laboral remunerada–. Habrá que añadir que en las actividades políticas cada vez es mayor su presencia.

Sobre la estructura de los hogares el grupo nuclear (una pareja con o sin hijos), las familias extensas (padres e hijos y otros familiares) y familias compuestas (incluyen a los no parientes) prevalecen en el suelo mexicano, no obstante, no se pueden dejar pasar desapercibidos los hogares unipersonales que ya observan un ligero aumento.

Estos cambios traen sus repercusiones en la distribución de la familia y con certeza se puede asegurar que vendrán más transformaciones en el espacio sociocultural y económico, pero también habrá de tomarse en cuenta lo que sucede detrás de la puerta de un hogar, sobre todo con las emociones y relaciones humanas, veamos lo siguiente: "de todos los cambios que ocurren en el mundo ninguno supera en importancia a los que tienen lugar en nuestra vida privada" Giddens (2007:65) al pronunciar esta frase resalta aspectos poco contemplados por los investigadores sociales, tales como las relaciones de pareja que se dan en la intimidad –comunicación emocional–, donde existen tres áreas principales: las relaciones sexuales y amorosas, las relaciones padre-hijo y las de amistad. Deja un gran peso a las relaciones puras donde la comunicación fluye de manera libre despertando la confianza de los otros, e independiente del poder arbitrario, propiciando con ello los valores de la política democrática. La comunicación es abordada también por Esteinou (2007), sólo que ella suma la cohesión y la flexibilidad, las cuales aprecia como las fortalezas que poseen las familias mexicanas y son las que fomentan una cultura comunitaria, y hacen que los individuos estén fuertemente orientados hacia la familia democrática donde imperen los valores mencionados.

La realidad mexicana y juarense es que los lazos que unen a las parejas cada vez están más endebles y se observa una mayor fragilidad en sus relaciones. Ante la acometida de las modificaciones sociales, culturales y económicas, las instituciones conservadoras procuran el mantenimiento del orden establecido y encaminan sus esfuerzos para que el matrimonio prevalezca y cumpla las funciones instituidas como una defensa hacia el estatus del dominio patriarcal. A pesar de ello, las separaciones son cada vez más frecuentes, los preceptos religiosos que creían la unión "hasta que la muerte los separe" han perdido, como muchos otros cánones, su preeminencia. Por otro lado, el Estado mexicano –como lo manifestaba la "Epístola de Melchor Ocampo", leída por el juez a los recién casados– propiciaba la hegemonía del hombre sobre la mujer como algo fundamental para la conservación del matrimonio, el cual era considerado como el inicio –único– de una familia.

Horkheimer (1998:181) apunta que "cuando más terreno pierde la familia como unidad económica esencial en la civilización occidental, más importancia atribuye la sociedad a sus formas convencionales, de tal manera, que se exalta el matrimonio hasta el punto de convertirse en sinónimo de familia". Sin embargo, en la medida que los tiempos pasan y los cambios se hacen presentes en nuestra sociedad, a pesar de los resguardos que propagan las instituciones tales como la iglesia, el divorcio se realiza cada vez con mayor frecuencia.

La disolución del vínculo matrimonial es visto por algunos autores como el signo inequívoco del debilitamiento de las familias patriarcales-tradicionales. Mucho tendrán que ver los aspectos socioeconómicos como la inserción de ambos cónyuges en la vida laboral o los culturales como la generación del internet, que plantean un abanico de posibilidades más amplio que los jóvenes contrayentes jamás se hubieran imaginado en años anteriores. Del mismo modo, los procesos de un divorcio cada vez se facilitan más. También es cierto que la imagen del divorciado(a) ya no carga con un estigma tan criticado por la sociedad. Estamos en una cultura de intercambio.

El cambio de roles donde la mujer, como ya se mencionó, incursiona en diversas áreas públicas y sociales fuera del hogar ha provocado de alguna manera una desestabilización que repercute en la fragilidad actual con respecto al vínculo matrimonial, y que la pareja no pudo sopesar, aunado a las crisis económicas y culturales. Castells (2004:159) agrega: "la frecuencia creciente de las crisis matrimoniales y la dificultad cada vez mayor para hacer compatibles matrimonio, trabajo y vida parecen asociarse con otras dos grandes tendencias: el retraso de la formación de parejas y la vida en común sin matrimonio". De nuevo, la falta de sanción legal debilita la autoridad patriarcal tanto desde el punto de vista institucional como psicológico.

En México la tasa de divorcio ha mantenido una tendencia ascendente desde la década de los años cincuenta: en 1950 era de 4.4%, en 1990 era de 7.2% (INEGI, 1994) y otras fuentes (CONAPO, 1999) estiman que en años recientes las rupturas eran alrededor del 14.5%. Por otra parte, si se toman en cuenta las separaciones no sancionadas de forma legal y no registradas en la información disponible, podemos suponer que es mayor la proporción de disolución de uniones. En 1996 el DIF estimaba que las disoluciones informales ascendían cerca de 23%, además del 5.7% de divorcios registrados. Para el 2005 a nivel nacional se registraba una cantidad de 70 184 divorcios.

En Ciudad Juárez un porcentaje de 16.2% de los hombres y 16.4% de las mujeres viven en unión libre, en comparación con los porcentajes del Estado que son del 13% para ambos sexos. Con relación a los separados y divorciados, Juárez presenta uno de los índices más altos del país, 6.7% de los hombres y el 3.1% de las mujeres, lo que muestra que las relaciones de pareja están también sujetas al cambio y a la inestabilidad (Incide Social: 10).

En los últimos datos que corresponden a 2005 se manejó la cifra estatal de 5 004 divorcios y 1 698 en Ciudad Juárez (INEGI,

2005). Hay que observar que existen algunas variables: la edad, los niveles de escolaridad, si provienen de zonas urbanas, rurales o indígenas, el tiempo de vivir en matrimonio o pareja, entre otras.

Se parte de la premisa de que a mayor desarrollo social mayor frecuencia en el número de divorcios y separaciones, por lo cual se espera que este tipo de disoluciones conyugales en Juárez, y en la región norte, tengan niveles más altos que en el total del país, debido al mayor desarrollo socioeconómico que comparativamente tienen los estados norteños, ya sea por su cercanía con Estados Unidos que es uno de los países con niveles más altos de divorcios en el mundo.

Las estadísticas arriba descritas nos plantean una realidad actual: existe una debilidad de los lazos familiares, cierto que la familia está inserta dentro una sociedad en constante cambio a partir de la separación de la sexualidad y la reproducción, pero sobre todo de la poca importancia dada a las relaciones afectivas donde la comunicación, la flexibilidad y la cohesión que menciona Esteinou (2007), pasan a defender la vida íntima de una familia.

La diversificación en las formas familiares en el periodo contemporáneo

Con la modificación de los roles dentro de la familia, la figura paterna ya no representa la centralidad del hogar, ni tiene toda la responsabilidad de ser proveedor y, como consecuencia, ser la autoridad sancionadora. La madre, por su parte, pasa de ser dependiente económica a ser coproveedora y en ocasiones la mayor o la única aportadora económica en el hogar. Antes la mujer madre llenaba la casa familiar todo el día con su presencia, era la encargada de estar pendiente del cuidado de los hijos y de ejecutar las múltiples actividades del hogar, lo que la convertía en la acompañante y escuchante principal de ellos, su rol se acentuaba como educadora, transmisora de valores y de la identidad de sus hijos. En la actualidad estas circunstancias se han modificado de tal forma que vienen a provocar una transición en los roles ya jugados.

El rol de las mujeres y la vida familiar están indisolublemente ligados. La estabilidad de la familia y las condiciones sociales que desempeña dependen cada vez más de las oportunidades de participación de las mujeres en diversos espacios de la vida pública y en su adaptación a la dinámica de la época actual.

A la madre moderna le toca representar un papel protagonista dentro del escenario social, logra traspasar las puertas del espacio doméstico, así como la esfera de la naturaleza, para ser apreciada e incluida en los aspectos culturales, políticos y sociales, en fin, públicos. Para poder representar esta función tan importante es necesario visualizar el cambio de las mujeres en el núcleo familiar, donde antes se dibujaba su rol de madre, de ama de casa y su presencia resultaba necesaria en los quehaceres del hogar y en las actividades cotidianas, cumpliendo con satisfacción su función reproductiva.

Estos patrones han dado giros de una manera drástica a partir de la presencia de la mujer en los ámbitos laborales, ya que el hecho de percibir un salario y la propia decisión sobre su reproducción le ha permitido cierta libertad y autonomía, por otro lado, también le ha abierto las puertas al mundo social y político, la misma autonomía le ha facilitado su acceso a la educación y a la cultura.

No obstante, resulta relevante anotar que dentro del espacio público laboral aún se viven ciertas desigualdades con relación al varón. Schkolnik (2006) menciona que el binomio familia-trabajo depende del patrón cultural de las distintas sociedades y la división del trabajo está determinada en parte por el modo en que se encuentra organizada la producción.

El empleo formal que se caracteriza por ser estable, donde la presencia del empleado(a) es necesaria en el lugar de trabajo, con horarios fijos, dificulta el desempeño de la mujer-madre por su responsabilidad hacia el cuidado de sus hijos sobre todo si éstos son menores de edad. Se percibe la preeminencia del hombre en este espacio. El trabajo informal o no regulado de la economía observa una mayor flexibilidad, ya que se puede desempeñar dentro del domicilio, facilitando que la mujer-madre pueda realizar los quehaceres de la casa y a la vez el cuidado de los niños pequeños.

En México el acceso de las mujeres a lo laboral-público va en crecimiento.[29] Pero ello, no la ha liberado del trabajo doméstico ni del cuidado de los hijos(as),[30] lo cual viene a determinar su inserción laboral, al contrario sus jornadas se duplican cuando no existe apoyo por parte de su pareja, o bien, no se tienen las posibilidades económicas para contratar el servicio doméstico. Schkolnik (2006) en su investigación encontró que en América Latina sólo un 0.5% de hombres realiza quehaceres del hogar como actividad principal: "Los hombres jóvenes y mayores de 50 años son reacios a las labores domésticas como un rasgo cultural."

Por ello, la desigualdad prevalece dentro de los hogares ya que la inserción laboral de la mujer no es garantía de equidad, y además no asegura de ninguna manera que se estén produciendo transformaciones al interior de la familia: "en realidad sólo se redefine el rol de la mujer en la sociedad pero no en la casa", como lo muestran Ariza y De Oliveira (2001). Las mujeres, más las madres de familia, presentan una alta carga de trabajo "en la medida de que las mujeres se encuentran incorporadas a la producción social, deben cumplir un doble trabajo: el productivo y el reproductivo" (Lagarde, 1993:106).

---

[29] En México la presencia de las mujeres en el mundo del trabajo es significativa: mientras que en 1940 era el 8%, en 1993 las tasas de participación femenina en la población económicamente activa fluctuaba entre el 24% y 41% en los distintos estados del país, y de acuerdo a proyecciones para el 2010 ésta será de entre 28% y 45% (CONAPO, 1998:55-58) (Esteinou, 1999).

[30] En América Latina se observa que entre 1990 a 2002 mejora la tasa de participación de las mujeres, pero siempre manteniendo el patrón de cuidado de niños. Ya que el mayor incremento en la tasa de participación femenina en la década se da en el tramo etario de 35 a 49 años –a mayor edad de los hijos–, y cuando éstos ya se encuentran en plena edad escolar o se han independizado. Este incremento es mucho más leve en las mujeres de entre 25 a 34 años y en general para todos los tramos etarios permanece muy por debajo de la tasa de participación de los hombres (Schkolnik, Mariana, 2006:102).

Maribel: Pues trabajo toda la semana limpiando casas y atendiendo a mis hijos, esto es muy cansado, pero los fines de semana al regresar a mi casa, tengo que limpiar mi casa y prepararle la comida a mi marido para toda la semana, él nomás me dice "bueno tu quieres irte para allá ¿verdad?, yo no te mandé".

Lina: Pues... lo mismo, agrégale (le dice a su compañera de grupo focal) la lavada y planchada de la ropa, ellos no hacen nada ¿usted cree?, no ayudan, una sola hace todo, y como no está de acuerdo en que lo deje solo, pues ni me quejo.

A pesar de ello, no se puede negar el gran peso que este hecho social –la mujer en el área pública– tiene sobre la posición tanto del hombre como de la mujer y que así se presente hoy en día.

Es frecuente que en México se recurra a la ayuda de familiares, en particular al apoyo de las abuelas que se ven en la necesidad de cuidar a sus nietos –por la insuficiencia de los servicios de guarderías– para facilitar el acceso de las hijas o las nueras a su trabajo. Esta situación provoca mensajes contradictorios dentro de la formación de los pequeños, que hace mella en sus posteriores conductas.

Existen casos donde las madres jóvenes que trabajan y dejan a sus hijos al cuidado de sus abuelas, se quejan de que en los mensajes transmitidos por éstas prevalece una paradoja: por un lado se observa la falta de rigidez en las medidas disciplinarias y por otro, las recomendaciones de tono moral que envían a sus nietos parecen en ocasiones severas de acuerdo con esta época.

Según algunos autores (Beck, 1998:156), en la actualidad se confronta la familia conocida como nuclear donde algunos suponen que otro tipo de familia la sustituya. Empero, no se trata de que un tipo de familia elimine a otro, no las considera excluyentes, sino que surgen y existen al mismo tiempo un gran número de formas familiares y extrafamiliares de convivencia. Ni tampoco estamos ante la presencia de la extinción de la familia como algunos han vaticinado ya en forma demasiado pesimista. "No es necesariamente el fin de la familia", agrega Castells (2004:164), ya que se están experimentando otras estructuras familiares y se puede acabar reconstruyendo cómo vivimos con el otro, cómo procreamos y cómo educamos, de modos diferentes, tal vez mejores.

La familia nuclear-conyugal en realidad refiere un debilitamiento (Esteinou, 1999). En México, de acuerdo con fuentes oficiales, en 1976 se estimaba que el 71% de los hogares era de tipo nuclear, este porcentaje disminuyó a 68.4% en 1995 (DHE/SPP, 1976, CONAPO, 1995). La proporción de familias nucleares conyugales[31] ha disminuido del 58.1% al 52.8% y las nucleares monoparentales han aumentado de 6.8% a 8.5%.

La tendencia es la fragilidad de las familias antes mencionadas, y a pesar de que predominan en el país en realidad están perdiendo presencia. Los datos del 2005 son los siguientes: de un total nacional de 25 120 275 hogares, son nucleares 17 194 850 (INEGI).

A los cambios tanto del matrimonio, del patriarcado, de la familia nuclear, así como a la presencia de la mujer en todos los ámbitos sociales productivos, habrá que añadir la modificación propiciada por los espacios y las distancias en los cuales la familia ha venido desarrollando sus relaciones, tomando en cuenta la pérdida de relación natural con los espacios.

Por ejemplo, Giddens (2004:106) manifiesta que la comunidad local ha dejado de ser un lugar saturado de significados familiares y sabidos de todos para convertirse, en gran medida, en expresión

---

[31] La familia nuclear conyugal alude a un tipo de familia constituida por los padres y los hijos solteros, supone una división de papeles familiares de acuerdo al género, en donde el padre-esposo es el proveedor de recursos monetarios y la mujer-esposa-madre se dedica a la crianza y socialización de los hijos, al apoyo efectivo de la pareja y a las actividades domésticas, y frecuentemente está basada en el matrimonio. Las familias nucleares monoparentales formadas por un jefe e hijos solteros (Esteinou, Rosario, 1999).

localmente situada de relaciones distantes [...] si bien es cierto que aún persisten los sentimientos de apego e identificación con los lugares, pero también éstos han sido desvinculados, ya no expresan prácticas y compromisos establecidos localmente, sino que van grabados con influencias mucho más lejanas –no hay que perder de vista que nos encontramos en un mundo de transnacionalidad–.

El espacio resulta en particular representativo para las familias mexicanas que emigran hacia Estados Unidos, se puede decir que en sus sentimientos de apego padecen una ambivalencia donde prevalece la identificación de sus raíces, pero a la vez poco a poco se muestra cariño a los lugares que las han adoptado voluntaria o involuntariamente en territorio estadounidense.

Familias mexicanas migrantes y transmigrantes

En México podemos advertir un periodo de aceleradas transformaciones en todos los órdenes de la vida social, puedo mencionar los siguientes: la incorporación de nuevas tecnologías en el área de la información y de las comunicaciones; cambios en la estructura de los mercados de trabajo que requieren de la incorporación de la mujer-madre a la esfera productiva, para apoyar en el sustento familiar como una condición –en ocasiones– de sobrevivencia; apoyo a la industria maquiladora de exportación en decremento de la protección hacia la agricultura por parte de los gobiernos, propiciando movimientos y relocalización de la población, donde se observa el abandono del campo por los campesinos hacia las grandes ciudades, dándose así los flujos migratorios internos e internacionales.

Brambila ha mostrado que estos rápidos cambios demográficos y tecnológicos afectan la vida y los patrones familiares y, por tanto, por ser la sociedad mexicana basada en la familia y orientada hacia su preservación, resulta importante conocer qué sucede con este grupo históricamente cerrado y tradicional. (1985:11)

Como resultado de estas diferentes tendencias junto con factores demográficos como el envejecimiento de la población y las tasas de mortalidad diferentes según el sexo, surge una variedad creciente de estructuras de hogares en que se diluye el predominio del modelo clásico de la familia nuclear tradicional (parejas casadas en primeras nupcias y con hijos) y se debilita su reproducción social. Proliferan los hogares unipersonales y uniparentales.

Entre los cambios en la dinámica y composición demográfica, en primer lugar está el descenso sorprendente en los últimos 25 años de la tasa global de la fecundidad, la cual se redujo en más de la mitad: entre 1974 y 1999 descendió de 6.11 a 2.48 hijos por mujer (CONAPO, 1999:29). Esto implica que las mujeres de hoy tienen mayor grado de libertad y de control de sus vidas y disponen de más tiempo para realizar otras actividades. Aunque en este aspecto a algunas se les ha duplicado su jornada y su responsabilidad por su incorporación al mercado laboral.

Empero, existen grandes diferencias entre las zonas rurales y urbanas, donde las familias rurales preservan mayor apego a sus costumbres y tradiciones, incluso la presencia del patriarcado se hace más evidente, en las urbanas se halla una mayor apertura a los movimientos en la conformación familiar. De este modo, las familias creadas y desarrolladas dentro del ambiente fronterizo viven una dinámica de traslados continuos y vecindad con otro idioma, cultura y economía, de las cuales se hace énfasis en el transcurso de estos párrafos. Dichas familias han sido denominadas transfronterizas y transnacionales.

Antes de abordar a la familia transfronteriza juarense, vale la pena puntualizar qué es lo que sucede con relación a aquéllas que emigran hacia Estados Unidos. También es cierto que la población migrante representa en general un grupo con patrones familiares en transición, ya que éste observa cambios importantes en su dinámica, aquí de nuevo la participación de la mujer se visualiza con su presencia cada vez más frecuente en el fenómeno de la migración. Iniciaré por describir el contexto donde se encuentra esta última.

DeFrain y Olson (2007) mencionan que la situación de competencia y materialismo que prevalece dentro de la sociedad norteamericana, produce altos niveles de estrés, falta de tiempo para dedicarlo a ellos mismos y por consiguiente a sus hijos, que es muy frecuente que pasen su infancia en guarderías. Se observan también altas tasas de divorcio, alto nivel en el uso de alcohol y drogas, uso del internet con sus efectos en las relaciones humanas familiares, tensiones étnicas culturales, guerras y terrorismo. "El individualismo competitivo de la cultura angloamericana", agregaría Ariza (2002:73).

Aunque si bien es cierto, este planteamiento no es privativo de Estado Unidos, como bien lo apuntan estos autores, sí es una situación que sobresale en dicho país. En México, igualmente, la familia está sometida al estrés de los cambios sociales y de las crisis económicas, igualmente hay altos índices en alcoholismo, violencia, divorcios, etcétera.

Existen ciertas particularidades dentro de la familia mexicana, mismas que al parecer no se les atribuyen a las familias norteamericanas, veamos a través de la lente de Esteinou (2007) cuáles son. Según esta autora, en nuestro país concurre una cultura colectivista, el "familismo".[32] Los valores de la socialización mexicana no ponderan tanto la autonomía, el interés individual y privado. Ésta se inclina más hacia los valores de obediencia, de armonía, del fomento de los lazos familiares. Añade Ariza (2002) que "Las tradiciones de la solidaridad familiar son de alta valía de la cultura mexicana."

Claudia:[33]   Aquí en México, la familia es más unida, todos se reúnen alrededor de la madre

en días festivos, juntos viven enfermedades, hay mucha unión, somos más estrictos con la

---

[32] El familismo es uno de los valores que orientan el proceso de socialización. Este valor enfatiza la importancia del amor, las obligaciones mutuas de los miembros de la familia, la centralidad de los vínculos familiares y la importancia de socializar al joven para que reconozca la autoridad parental (Esteinou, 2007).
[33] Claudia y Ricardo fueron entrevistados como pareja.

educación de los hijos, en cambio allá, son más desunidos, más despegados, menos afectivos. (Ricardo, su esposo solamente reafirma lo dicho por la esposa moviendo la cabeza afirmativamente).

Servando:[34] A mí me parece que la familia allá está muy descontrolada, sobre todo los jóvenes, hay mucha droga y además muchas pandillas, en eso yo prefiero la formación de la familia aquí en México, en mi país.

¿De qué manera estas diferencias de formación cultural van a influir en las familias migrantes mexicanas en Estados Unidos? Las familias mexicoamericanas presentan las siguientes características: tienen la tasa más baja de ruptura de matrimonios y la educación está inversamente relacionada con la estabilidad marital, poseen fuertes rasgos de familismo, mayor cantidad de hijos que las norteamericanas, son multigeneracionales o extendidas, el compromiso con la familia está sobre los intereses individuales.

Por otro lado, se ha encontrado que más que hacer uso de las guarderías, de preferencia recurren a sus parientes que se encarguen de la labor de cuidar a sus hijos. En este aspecto, las abuelas o tías vienen a jugar un papel muy importante. En efecto, las abuelas desempeñan un rol destacado en el cuidado y socialización de los nietos, a la vez que son una fuente de transmisión cultural. Hennon *et al.* (2007) refieren que los comportamientos familiares dependen de los procesos de asimilación o integración. Algunas familias mexicanas tienden a integrarse más que a asimilarse y otras por el contrario deciden asimilar la cultura dominante norteamericana.

---

[34] A Servando se le realizó una entrevista profunda.

Por su parte, Ariza (2002) menciona algunos factores de gran peso para que se dé la asimilación o no en los migrantes, entre ellos, la edad y el sexo. La socialización en un entorno cultural dual, sociedad de origen y destino, crea tensiones entre los marcos de referencia valóricos de padres e hijos. Cuando los padres de primera generación difícilmente se asimilan, en la segunda se acrecienta y aún más en la tercera generación.

Sin embargo, apunta la autora, lo más frecuente es que los migrantes manipulen de forma creativa los símbolos culturales de pertenencia étnica y logren un nicho de identidad propio y a la vez incorporen aspectos de la cultura angloamericana, una suerte de híbrido cultural.

De igual manera, se denota una diferencia en los efectos en una familia cuando es la madre quien se ve en la necesidad de emigrar, porque los hijos pequeños permanecen en su país de origen y vulnerables al quedarse bajo la tutela de algún familiar (por lo general mujer). En realidad, la ausencia de la madre pesa más que la del padre, ocasionando un efecto desestabilizador en la dinámica familiar, hecho explicable desde la costumbre y tradición donde es la mujer-madre la que siempre está al cuidado y atención de los hijos y del hogar.

Estos efectos han sido notables con el aumento de la migración femenina de México a Estados Unidos. Al igual que los hombres, ellas cada vez más se integran al proceso migratorio, provocando que se altere la actividad familiar que hasta hace poco dependía del papel reproductivo femenino. Woo Morales (2007) explica las causas del aumento de los flujos migratorios femeninos, que ya no sólo procuran la reunificación familiar, como antes se pretendía como primer objetivo, sino que en la actualidad también contemplan la búsqueda de trabajo, incluso la aventura. Señala que la decisión de emigrar, cómo hacerlo, quiénes, cuándo y hacia dónde llegar, nos permite ver cómo se entrecruzan las relaciones familiares y estructuras sociales. Igualmente la participación de las mujeres en el mercado laboral de Estados Unidos depende de varios factores estructurales (mercado laboral, economía local, política migratoria) y familiares (ciclos de vida y redes sociales). En este sector el papel de las redes son fundamentales, ya que éstas previamente determinan a dónde llegar y qué trabajos realizar.

La migración de las mujeres mexicanas, ya sea como parte de un movimiento familiar o como decisión individual, afecta sin duda las relaciones de género al interior de la familia y las pautas sexistas más tradicionales. Vila (2007) escribe que dentro de las familias tanto mexicanas como mexicoamericanas, el machismo existe en grados variables, a pesar de los roles cambiantes donde se encuentra la incursión de las mujeres dentro de los trabajos fuera de casa como figura precipitante para la desaparición del dominio del padre.

El autor al parecer se pronuncia más con la idea de la extinción del machismo. Un punto de vista reciente sostiene que las familias inmigrantes mexicanas se están volviendo menos patriarcales, ya sea por las influencias culturales americanas con cambios en los roles conyugales provenientes de la influencia de valores culturales modernos. En efecto, todo parece indicar que la cercanía y la convivencia con los angloamericanos por lógica de interrelación sucede lo antes descrito, no obstante, existen opiniones contrarias a la influencia de los habitantes del país receptor.

Según Hondagneu-Sotelo (1992), algunas opiniones pierden de vista que muchas familias inmigrantes adoptan cada vez más comportamientos de género igualitarios, mientras que, al mismo tiempo, retienen elementos de la cultura mexicana tradicional; esta autora advierte cómo una comunidad en extremo segregada, caracterizada por un contacto limitado con los anglos, ha incorporado este tipo de arreglos dentro del hogar, acuerdos que no pueden atribuirse a ningún proceso de aculturación americanizadora o modernizante.

En la investigación[35] realizada por Hondagneu se exponen sus hallazgos. Si bien es cierto que se detecta en las familias de inmigrantes menor predominio patriarcal, habrá que considerar

---

[35] La investigación la realizó entre 1979-1982 con una muestra de 26 familias, la mayoría era indocumentada (22).

96

algunas otras causas fuera de la influencia americanizadora. Por ejemplo el factor tiempo, el cual es percibido por la autora al decir que los hombres que comenzaron a migrar antes de 1965, lo hicieron frente a un sistema de circunstancias muy diferentes, aprendieron a preparar sus alimentos, limpiar, ir al mandado, vivir en compañía sólo de hombres.

Esto derivado de dos factores muy importantes, primero la mayor parte aprendió a realizar dichas funciones por las actividades que desempeñaban en sus lugares de trabajo, en restaurantes (lavar platos, cocinar y limpiar). Estas experiencias ampliaron las habilidades en la cocina doméstica, "aprendieron a hacer las tortillas".[36] Otro factor tal vez de mayor peso es el hecho de que estaban solos, ya que migraron dejando a sus esposas en los lugares de origen, por tal situación se vieron obligados a atenderse solos. El tiempo de separación de estas parejas fue de nueve años.

Por otro lado, en los hombres que comenzaron a emigrar después de 1965, los arreglos diarios del quehacer doméstico no fueron transformados de forma radical una vez que se reunieron las familias en Estados Unidos. En estas familias los hombres no realizaron una cantidad significativa de quehacer doméstico, ellos todavía esperaban que sus esposas tomaran la responsabilidad primaria de cocinar y la de limpiar. Hay que apuntar que estas familias duraron menor tiempo separados (de dos a tres años).

Sin embargo, esta última excepción, la imagen estereotipada del machismo en familias inmigrantes mexicanas muestra una disminución. La mujer por su parte se muestra más independiente, con mayor autonomía, seguridad y su autoestima se fortalece.

---

[36] Simbólicamente, las tortillas representan el alimento mexicano y su preparación es tradicionalmente trabajo de la mujer. "No había tortillas para la venta [los años 50] como ahora hay, entonces aprendí hacer las tortillas y cocinar el alimento." La mayoría de estos hombres se mostraban orgullosos sobre sus habilidades domésticas (Hondgneu-Sotelo, 1992).

En resumen, las mujeres y los hombres no incorporan el proceso de la migración de igual manera, sino que dados los contextos históricos y sociales en los cuales ésta ocurre, las mujeres en la misma cultura y en circunstancias similares pueden encontrar varios tipos de obstáculos patriarcales y, por lo tanto, respuestas a la migración. La trayectoria distinta de esta última culmina en la creación de relaciones de género una vez que las familias se colocan en Estados Unidos. El patriarcado ni es una construcción monolítica ni estática, incluso dentro de un grupo que comparte la clase similar y características racial-étnicas.

Aunado a lo descrito está el predominio de las ideas de género, los procesos de asimilación e integración, los cambios sociales, las crisis económicas, etcétera. En realidad son varios los factores que inciden en la cuestión del debilitamiento del patriarcado en la familia migrante.

Familias transfronterizas

La zona fronteriza justo por su localización geográfica conserva ciertas particularidades que no se presentan en las regiones del sur y centro del país. Su cercanía con Estados Unidos la convierte en zona-puente propicia para acceder hacia el país del norte, al observar una dinámica de atracción hacia los migrantes internos y los de Centroamérica (migrantes internacionales). Para los fronterizos la demarcación es parte de su vida cotidiana, establecen relaciones específicas y diferentes a las demás regiones de México, como por ejemplo la migración y el comercio, entre otras.

Además de los cambios que se han dado en todo el país, a las familias que viven en la frontera del norte de México en condición de transmigrantes, hay que añadirles ciertas características específicas que prevalecen dentro de dichas áreas colindantes con Norteamérica.

Una de ellas es el uso del inglés en los hogares juarenses, en especial por parte de los niños transmigrantes, lo que puede inhibir la posibilidad de comunicarse fluida y libremente entre generaciones. Ya que suelen aprender dicho idioma con mayor facilidad que los padres y a su interés por integrarse al grupo de amigos y compañeros de escuela en El Paso, ellos tienen la tendencia a comunicarse en inglés. Al ser la lengua materna –en este caso el español– uno de los factores más importantes en la conservación de la identidad, los adultos insisten en su uso –aunque sólo sea en el hogar– y esto vuelve confusas las relaciones comunicativas dentro del seno familiar.

Otro aspecto que se refleja en estas familias es el relativo a la educación. Los padres –sobre todo las madres– se quejan de la educación formalizada que adquieren los hijos en la ciudad de El Paso, donde los mensajes formales adquiridos en la escuela les promueven el uso de los derechos de los niños, y olvidan las recomendaciones de valores tales como el respeto a los adultos. Para ilustrar esta referencia cito parte de la discusión establecida en un grupo focal:[37]

Delia: Hablemos de la familia ¿qué diferencia hay de la familia mexicana y la

familia de allá?

Raúl: Las familias de allá son más frías, más despegadas, en cuanto cumplen

los 21 a volar, ya son mayores de edad, parece que los papás están

esperando con ansia nada más eso para darles calle. Como que están

---

[37] Grupo focal donde intervienen cinco personas que trabajan en El Paso. Cuatro lo hacen con visa de cruce local y un ciudadano de Estados Unidos. Tanto ellas como ellos con residencia en Ciudad Juárez.

solamente pendientes de su trabajo, ese es todo el interés de ellos…

Lina: No ven por ellos.

Fernando: Son muy "despegados", como familia de extraños.

Iván: No hay una atención a los hijos, pueden estar en la misma casa y no saben qué es lo que están haciendo, la mamá ni caso hace de ellos estando ahí.

Raúl: La idea que ellos manejan es que son como amigos de los hijos, pero es un desorden porque hablan como les da su gana de todo, y hablan abiertamente del sexo y de drogas, y se dicen y hacen muchas cosas que uno no hace aquí…

Iván: Bueno, al perder los nuestros allá la cultura, se pierde mucho el respeto hacia los padres, ya no es lo mismo que los vean como amigos y si son americanos su historia no refiere cultura. Si se ven como amigos, ¿dónde queda el respeto a los padres?

Raúl: No es que no los vean como niños o como hijos, es que se ponen a pelear con ellos como iguales, no hacen caso, rompen esto, tiran aquello y los padres no les pueden decir nada porque los amenazan.

Maribel: A mí me amenazaron (los hijos) con llamar a la policía (…) estábamos un día en la casa y empezaron a discutir mi hijo y la hija de mi hermana, y él la empujó.

Delia: ¿Qué edad tiene tu hija?

Maribel: 16 años, y ella dijo que le iba a llamar a la policía porque no iba a poder con él, y les llamó… a los cinco minutos ya estaban ahí, no se lo llevaron pero lo amenazaron que si el volvía a caer en "violencia casera" lo iban a detener…

En este punto las madres manifiestan su preocupación por la cultura disipada que se transmite en Estados Unidos, en la práctica de relaciones sexuales a temprana edad, en el uso y abuso de las drogas, en la decadencia de los valores y el poco respeto hacia la vida transmitido con las constantes guerras promovidas por ese país.

La visión hacia la tendencia consumista observada en Estados Unidos es criticada y a la vez imitada por quienes tienen el poder adquisitivo.

Paty: Pues, hemos imitado, yo creo que es imitación (insiste) muchas cosas de ese país, sobre todo en el consumismo, es que aquí cae uno en lo mismo, querer traer muy buenos carros, camionetas muy nuevas, aparatos electrónicos, todo eso, ¿verdad? (le pregunta al esposo).

Luis: Es que si compra aquí lo que más se pueda, empieza a tener créditos y los gringos se dan cuenta que uno invierte en su país, luego lo pueden tomar más en cuenta. Nosotros por eso compramos buenos carros.

Claudia: Viven en función del dinero, siempre traen carros del año, aunque estén _endrogados de por vida (lo dice en forma crítica).

Una constante referida en las entrevistas es el ambiente de libertad que se vive en nuestro país, situación a la que difícilmente renunciarían –dicen ellos–.

Ricardo: Aquí en Juárez se puede hacer todo, tirar la basura, pasarse un alto, nomás le das su mordida (señala con la mano el signo de pesos) a la poli y ya te perdonan.

Claudia: (Interviene tratando de suavizar la opinión del marido). No es eso, sólo que hay más libertad, no es que uno pueda hacer lo que quiera, es que aquí se siente uno más libre, no hay tantos reglamentos ni restricciones, en cambio en El Paso tienes que andar con mucho cuidado, ya que por todo te dan *tickets*.

Las familias transmigrantes toman lo que les favorece y rechazan lo que consideran negativo tanto para su identidad mexicana como para su formación y consolidación familiar. La familia transmigrante juarense, de clase socioeconómica media baja que habita la zona urbana, al igual que las familias mexicanas en sus mismas condiciones, anda por un sendero de transición.

Paso ahora a mencionar los rasgos característicos que se denotan en las familias transmigrantes, al ser la transmigración un fenómeno propio del espacio fronterizo. Es una manifestación de la diversidad de los movimientos poblacionales internacionales, de forma específica referida a la población mexicana que cruza hacia Estados Unidos y regresa de este país.

Las familias transfronterizas, en concreto las transmigrantes, son grupos que corporalmente están en los dos países, abarcan hogares localizados en ambos sitios y, por lo tanto, tienen una contraparte en el otro país (Ojeda, 1994). Con fines de ubicación social se puede afirmar que dichos grupos son unidades que, en distintos planos de la acción social, se han desenvuelto históricamente de manera cotidiana en un espacio geográfico social que involucra a dos sociedades en etapas distintas de su transición demográfica y que tienen grandes diferencias económicas y sociales como son México y Estados Unidos.

A pesar de lo anterior, estas dos sociedades se han compenetrado en este espacio fronterizo donde mantienen una gran interdependencia. Esto tal vez se deba a que dichas diferencias no se notan tanto en el aspecto cultural, porque hay que recordar que gran parte de la población paseña es de origen mexicano.

> Juanita: En realidad tanto yo como mis hermanos y ahora mis hijos, siempre hemos pasado. Desde niños nos sacaron el pasaporte y ya sea de compras o de visita familiar, o de paseo, siempre ha sido algo muy común pasar para El Paso, máxime que ya tengo a dos hermanas y a mi hija viviendo allá.

La movilidad transfronteriza puede convertirse en la primera etapa de la migración internacional, dependiendo de algunos factores. Veamos lo que argumentan González *et al* (1995:74). La movilidad transfronteriza de la población femenina depende de condiciones familiares (ciclo familiar, estado civil, relaciones familiares, etcétera), distancia de la frontera norte, información anticipada, contactos en la ruta hacia Estados Unidos, riesgos en el cruce, posibilidad de legalizar su estancia y las condiciones de incorporación en el mercado laboral en Estados Unidos.

En la medida en que se dan "condiciones óptimas de permanencia" para la mujer fronteriza, aumenta la posibilidad de que se incorpore a la migración internacional. Es importante aclarar que no se toma en cuenta a la movilidad transfronteriza como una condición previa y necesaria para que se dé la migración internacional, ya que la transmigración sí proporciona mejores oportunidades materiales además de la ventaja de vivir en su país de origen.

Como afirma Verea (2003): "En los enclaves familiares, por lo general, se maximizan las posibilidades de obtener mayores ingresos en caso de los migrantes". Así, las familias transmigrantes estiman que los recursos que logren conseguir en el vecino país pueden ser útiles tanto para sus gastos corrientes de manutención como para inversiones en su hogar o en un negocio que puedan iniciar y, aún más, para cubrir deudas pendientes, situación que resulta lógica dada la diferencia de salarios que existe en El Paso con relación al que se percibe en Juárez. Por lo anterior, el que un integrante de la familia en forma diaria o semanal pueda ir a trabajar a la vecina ciudad, viene a fin de cuentas a beneficiar económicamente a la familia o a la comunidad.

Con los conceptos de familias transfronterizas, familias transmigrantes y transnacionales, surge la noción de "hogares transfronterizos", éstos derivados de igual manera que los anteriores, de la constante interacción económica y social que se lleva a cabo en las comunidades fronterizas como son Juárez y El Paso, ha dado lugar a la formación y reproducción de hogares cuyos integrantes realizan una diversidad de estrategias diarias tales como trabajar, estudiar y visitar a familiares en El Paso o viceversa. Estos hogares han sido nombrados "transfronterizos".

(Ojeda, 1994:53) enuncia que …los lazos de parentesco y amistad son uno de los principales factores que contribuyen a la reproducción social de los hogares transfronterizos. Las redes sociales con parientes y amigos en Estados Unidos son básicas para muchos de los intercambios que los miembros de algunos hogares en la frontera mexicana efectúan en ese país. En particular, las mujeres desempeñan un papel fundamental en la creación y mantenimiento de dichas redes.

Las redes familiares permiten cierto tipo de ayudas mutuas tales como el cuidado de niños y ancianos, así como el envío de hijos que van a estudiar a El Paso y que viven temporalmente en la casa de sus parientes. Es común escuchar a las madres de familia comentar que mandan entre semana a sus hijos con un familiar para que estudien "en el otro lado" y en el fin de semana los traen a la casa de sus padres, o bien existen casos en los que las madres se van por semana a vivir "en el otro lado" para acompañar a los hijos que estudian, y trabajan para ayudar con los gastos y luego ellas cruzan la frontera los fines de semana.

Los hogares transfronterizos son unidades domésticas que históricamente se han desarrollado en un espacio geográfico compartido por dos sociedades radicalmente distintas: el término "hogar", o bien "unidad doméstica", se refiere al grupo de personas que residen bajo un mismo techo, unidas por relaciones de parentesco que participan en actividades de generación de ingresos y consumo, además organizan sus recursos de manera colectiva. Cito para ilustrar parte del trabajo de campo en el grupo focal:

Delia: ¿Cuántos hijos tienes?

Maribel: Tres hijos, yo tengo 29 años que llegué a Juárez, tengo 39 años de edad y un esposo muy latoso, él trabaja y compartimos gastos iguales, renta y servicios, comida, todo pagamos juntos, que cómodo para él (todos ríen), mis hijos: uno tiene ocho años, otro 11 y el grande 14 y trabajo en lo que sale… bueno no en todo, ustedes saben (todos vuelven a reír).

Lina: Es en la misma circunstancia en que yo vivo, vamos cada semana y ahí vivimos juntos y venimos a Juárez… ya llevamos cuatro años en esa situación pero muy a gusto.

Delia: ¿Cada semana están viniendo a Juárez?

Lina: Sí, los tres hijos son ciudadanos (estadounidenses), los tengo a los tres en la escuela. Al principio los empecé a llevar con mi hermana, pero no estaban a gusto, y ésta (señala a Maribel) me dijo un día "vámonos para allá" y pues sí, la pensamos, pues teníamos miedo, no estábamos muy convencidas, pero nos fuimos y hechos bola en una cama, y pasamos la primera semana, y así veíamos pasar el tiempo: "ya sólo nos faltan dos días… y ya es viernes" y ya estábamos listas para arrancar.

En suma, el hogar transfronterizo es el resultado de un sistema interactivo que a través de las redes sociales, que en particular establecen las mujeres, facilita la reproducción de la cultura mexicana entre los miembros de estos hogares que radican en El Paso o bien en Ciudad Juárez.

III. La frontera entre México y Estados Unidos

Las fronteras

La posición que las áreas fronterizas han jugado en el transcurso del tiempo se ha modificado con el transcurso de los años. En épocas anteriores la percepción más común sobre las fronteras era aquella que las creía como una mera línea geográfica que separaba dos países, pero las nuevas perspectivas las visualizan desde una configuración más amplia y diferente. En este sentido, pretendo partir de una concepción sobre la frontera que rebase los límites de la espacialidad como un simple referente geográfico, donde se da una línea divisoria que separa a dos territorios de distintas nacionalidades.[38] Sin soslayar, desde luego, los conflictos políticos y económicos que las fronteras padecen y de los cuales es necesario comentar mediante la narración de breves antecedentes.

Considero la frontera como un espacio sociocultural donde los límites a las relaciones humanas no han existido, en que a pesar de algunas medidas políticas y antiinmigrantes, las familias separadas por las distancias y las líneas divisorias con el paso del tiempo han logrado unirse poco a poco y la pluralidad ha sentado sus bases. Podemos entonces verla como un espacio global que accede y además fomenta la convivencia y la combinación de ideas, de costumbres, de idiomas, de culturas, donde la identidad pasa por esta serie de factores, la multiculturalidad encuentra su tierra fértil y la economía se globaliza.

---

[38] La frontera vista como una simple delimitación geográfica, rígida, literal y periférica, definición clásica establecida por el geógrafo alemán Frederich Ratzel (1897:538)... quien afirmaba que ésta era una mera línea geográfica que separaba a dos territorios distintos, sujetos a dos soberanías diferentes, y que debía funcionar como un artefacto natural y necesario que, al igual que la epidermis de un ser vivo, provee protección, así como la posibilidad de intercambio con el mundo exterior. Esta concepción de frontera prevaleció hasta la Segunda Guerra Mundial, al ser asumida como una delimitación territorial rígida. (Garduño, 2003:70)

Las fronteras estatales constituyen espacios de articulación entre distintos "nosotros" construidos por los estados en términos nacionales. Es decir, entre gente cuya diferencia proviene de una adscripción política, cuya sedimentación temporal tiene la suficiente profundidad como para concebir un supuesto origen compartido. Los habitantes de pueblos fronterizos suelen tener más relaciones, no sólo económicas sino también sociales y parentales, con sus vecinos del otro país que con los miembros de la propia colectividad estatal. Ello facilita no sólo la circulación física, sino el desarrollo de códigos compartidos en razón de la vinculación a un medio ambiente natural y cultural común (Bartolomé, 2008:51-52).

Con relación a la frontera México-Estados Unidos, Mummert (1999) nos habla sobre las fronteras múltiples, las cuales incluyen lo político-administrativo de láminas de aluminio y del alambre de púas que el gobierno estadounidense ha erigido para separar su territorio nacional del mexicano, precisamente hablando sobre las medidas de control.

Aun así privilegia a otras clases de fronteras, aquellas culturales, lingüísticas, religiosas, étnicas y sociales, las que son trazadas, cuestionadas y reformuladas por personas de manera geográfica, dispersas en una cotidianidad que poco se advierte en el cruce físico de "la línea". Estas fronteras reales e imaginarias son un referente constante en las vidas de millones de personas residentes de ambos países, en este mundo de gran reacomodo humano derivado de la migración.

Los poderes económicos parecen más bien ignorar las fronteras, han multiplicado a lo largo de los últimos treinta años todo tipo de pactos y acuerdos bilaterales y multilaterales para favorecer el libre comercio. En cuanto a las inversiones, las nuevas tecnologías favorecen el flujo financiero independiente de las fronteras. Además de los poderes en la esfera de la economía se manifiestan también en la política y en la cultura, en todos los niveles de vida social son alcanzados por el desplazamiento o disolución de fronteras.

Este proceso tiene un carácter dual, a pesar de que las fronteras se difuminan en la práctica, al mismo tiempo se produce un endurecimiento de los controles fronterizos a la inmigración, que afecta las condiciones de vida de los inmigrantes con papeles o sin ellos. Esto se manifiesta, por ejemplo, en la situación de Ignacia, que cuenta:

Ignacia: …Tres veces me quitaron el pasaporte, pero volví a arreglar, pero a

   la tercera… al final ya no pude.

Delia: ¿Por qué se lo quitaron, por trabajar sin permiso?

Ignacia: … Sí, por trabajar con visa láser, por eso, ya no la pude arreglar, ellos lo   tomaron como deportación cuando me agarraron allá por la Lee Treviño, saliendo de unos departamentos en Vista del Sol, nunca he ido a ver si me dan otra, pero amigas de aquel tiempo me dicen que no, porque fue cuando se pusieron muy difíciles los agentes y ni señas todavía de que les bombardearan las torres, ninguna de mis amigas pudo arreglar, dicen que marcaron los expedientes en las computadoras, ya tenían de esas cosas (computadoras) y nadie pudo arreglar, fue después de la amnistía…

Ante este referente social, paso ahora a comentar algunos antecedentes sobre el norte de México, así como sus características de vecindad.

La frontera norte

En 1848 México sufre la separación de Texas, como resultado de la guerra con Estados Unidos, hecho que significó una enorme pérdida territorial, además de la inestabilidad permanente causada por los conflictos violentos con apaches y comanches que sufrió la región por décadas. De este modo, son claros los intereses expansionistas de los habitantes anglosajones, veamos la siguiente aportación:

> Después de la revolución de Texas, la guerra y el Tratado de La Mesilla de 1856, la estrategia básica de Estados Unidos para adquirir propiedades alrededor de las antiguas misiones, presidios y ciudades grandes y pequeñas fue usar el método tributario, la manipulación de los linderos, el robo y los medios jurídicos, como el hecho de retrasar los reclamos de donaciones de tierras, con el fin de adueñarse de los recursos productivos de los mexicanos. El resultado fue que una población ya sometida a fuertes presiones perdió su poder y control sobre la tenencia de la tierra. En un sentido muy peculiar la mayor parte de la gente de Tucson, San Antonio, San Diego, Los Ángeles, Santa Fe y de las zonas rurales, se volvió subordinada no gracias a algún rasgo o práctica cultural sino gracias a la política económica estadounidense (Vélez-Ibáñez, 1999:90).

Toda esta serie de acontecimientos les deja a los mexicanos en la memoria la sensación de una afrenta, de una derrota y de un miedo rencoroso. En cambio para los angloamericanos la frontera era un símbolo de triunfo. Estas circunstancias vienen minando poco a poco la fortaleza que en un momento dado pudo haber mostrado México, y entra a jugar con desventajas cada vez más pronunciadas con respecto al país del norte, situación que la frontera mexicana resiente con mayor profundidad.

Ya en el siglo XX es palpable que las dos naciones se vuelven tan distintas tanto en lo cultural como en lo material. Desde finales del XIX, Estados Unidos aseguraba su posicionamiento imperial en el mundo. En la primera y segunda décadas del siglo XX

110

consolidaba su poderío, su despliegue industrial, financiero y de comunicaciones, ya que el sur, en el siglo anterior antes de ser abolida la esclavitud,[39] se había afianzado como una región productora masiva de bienes agrícolas gracias al trabajo de esclavos.

Para ese país, la paulatina construcción de su frontera con México significó desde un principio una relación dual, dicotómica, tensa por naturaleza, pues se basaba en la aceptación por necesidad e interés de la fuerza de trabajo mexicano; pero al mismo tiempo al rechazo del inmigrante como persona, despreciados por los trabajadores de origen angloamericano.

En la actualidad, el área fronteriza norte de México está vinculada territorialmente al más grande mercado nacional creado por el capitalismo: el de Estados Unidos. Una de las fronteras biculturales más importantes, ya que no sólo divide a dos países sino también al continente: de un lado la nación más poderosa, del otro Latinoamérica, cuyos pueblos comparten el idioma español –la mayoría–, un pasado histórico y problemas de desarrollo económico similar.

Es la línea política que separa a México y Estados Unidos, con cerca de 3 200 kilómetros de longitud, comprende seis estados mexicanos (34 municipios) y cuatro estados norteamericanos (24 condados). Entre los cruces más importantes se encuentran el de Tijuana/San Diego y Ciudad Juárez/El Paso. Los binomios son los siguientes: San Diego-Tijuana y Calexico-Mexicali, en Baja California -California; Nogales-Sonora y Douglas-Agua Prieta, en Arizona-Sonora; Ciudad Juárez-El Paso y Presidio-Ojinaga, en Texas-Chihuahua; Del Río-Ciudad Acuña e Eagle Pass-Piedras Negras, en Texas-Coahuila; y McAllen-Reynosa y Brownsville-Matamoros, en Texas-Tamaulipas (García y Santiago, 2007:138).

---

[39] En 1863 se abolió la esclavitud en EU, era presidente Abraham Lincoln.

José Z. García (1993) escribe:

…La frontera Estados Unidos-México es más que la línea divisoria de separación entre dos naciones: también es el lugar donde convergen distintos sistemas de percepción, culturas económicas notoriamente desiguales, tradiciones filosóficas que abarcan diversos conceptos del tiempo, grupos con diferentes historias de adaptación a la cultura dominante. Y en cuanto a la identidad individual, la frontera es la zona –psicológica, geográfica, cultural– donde cada individuo debe mirarse en el espejo de distintas culturas; donde cada quien es visto por varios pares de ojos: los nuestros y los de los "otros"; donde los estereotipos chocan con la realidad del caso concreto y donde es necesaria una negociación constante de definiciones entre quién soy y quién eres…

Ciudad Juárez

La frontera México-Estados Unidos se estableció en 1848 cuando el río Bravo fue definido como límite internacional, en 1888 la Villa Paso del Norte tomó el nombre de Ciudad Juárez.

Staines (2007:171-172) manifiesta que:

…la región norte (Juárez) de la República Mexicana se caracteriza por pertenecer a las zonas áridas y semiáridas con un clima extremoso, cubre gran extensión del Estado de Chihuahua. Limita al norte con las entidades norteamericanas de Texas y Nuevo México allende el río bravo, al sur con el municipio de Villa Ahumada, al este con Texas y con el municipio de Guadalupe y al centro con el de Ascensión. Representa el 40% de la población total del Estado y genera el 70% de su riqueza. El 75% de la población total es menor de 35 años. El crecimiento del 5.3% anual representa entre 70 mil y 80 mil nuevos habitantes por año. La mancha muestra una densidad de 6 mil 477 habitantes por Km² en una superficie urbana de

256 Km². Actualmente se autorizó la ampliación legal hacia el suroriente.

Según Orozco (2007:38) la zona fronteriza Juárez-El Paso se ha convertido hoy en una conurbación internacional que tiene unos dos millones de habitantes, que corresponde 600 mil a la norteamericana y un millón 400 mil a la mexicana, de acuerdo con los censos oficiales de ambos países. Hasta donde sé, advierte el mismo autor, en ninguna otra frontera del mundo existe una aglomeración de estas dimensiones.

El municipio de Juárez se integra con las siguientes poblaciones: Loma Blanca, Samalayuca, San Agustín, San Isidro, El Millón, Jesús Carranza, y San Francisco Tres Jacales, siendo Ciudad Juárez por mucho, la localidad más grande y representativa.

Cuadro 1. Evolución del total de población en las principales localidades del municipio de

Ciudad Juárez, 1990-2005

Localidad	1990	1995	2000	2005
Total	798 499	1'011 786	1'218 817	1'313 338
Ciudad Juárez	789 522	995 770	1' 187 275	1'301 452
Loma Blanca	503	552	1 087	1 699
Samalayuca	804	824	1 390	1 126
San Agustín	899	876	1 443	1 493
San Isidro	2 115	1 931	3 126	2 295
El Millón	552	668	995	823
Jesús Carranza	498	507	671	558
San Francisco Tres Jacales	250	278	387	275

Fuente: INEGI, XI Censo General de Población y Vivienda, Primer Conteo Nacional de Población y Vivienda; INEGI, XII Censo General de Población y Vivienda, 2000, e INEGI, II Conteo Nacional de Población y Vivienda, 2005.

114

Con relación a esta información, Rubio Salas (2008) comenta que en todas las localidades apuntadas en el cuadro anterior se aprecia una expansión de la cantidad de habitantes si bien con velocidades diferentes. Mientras Loma Blanca multiplicó su población por arriba de 200% en 15 años, el resto tuvo leves incrementos, ya que ninguna de ellas alcanzó crecimientos mayores.

A los elementos físicos y naturales habrá que añadir los componentes sociales, los culturales, a la vez que el imaginario de las personas. Flores y Salinas al respecto expresan lo siguiente:

...las ciudades son producto de las sociedades que las habitan, según el espacio geográfico y el tiempo se pueden advertir singularidades que las caracterizan. En ellas existen elementos físicos, naturales y sociales, que determinan su representación tanto en quienes residen en ellas como en quienes las perciben desde afuera. Las sociedades viven y se recrean del imaginario[40] de las personas. Eso tiene que ver con la necesidad de simbolizar al mundo, el tiempo y el espacio que se recrea en los mitos, las historias, las inscripciones simbólicas, las imágenes, entre otras manifestaciones (Flores y Salinas, 2007:169).

Las singularidades que caracterizan a Juárez-El Paso son las que consideran a esta franja fronteriza como un espacio donde tiene lugar la producción cultural de dos países, la zona donde confluyen distintos sistemas de percepción –psicológica, geográfica, económica– donde convergen dos culturas, dos razas distintas, cuyas costumbres e idioma son negociados, por cierto, desde una faceta de relaciones asimétricas, éstas las encontramos en todas las condiciones de vida de la población fronteriza.

---

[40] El imaginario son formas (mentales, gráficas o plásticas) que resultan de una representación directa o indirecta, inmediata o traspuesta de un referente material, moral o intelectual. (Flores y Salinas, 2007: 169)

Es importante señalar que desde que se trazaron las líneas divisorias, el proceso por el que han transitado las personas en la frontera norte de México con un desigual poder económico, desencadenado por las relaciones de inequidad, donde la frontera juarense juega un papel de subordinación o sometimiento y la ciudad de El Paso es la que ha llevado la dirección en ese sentido y, a la vez, la que ha manejado según sus intereses los aspectos y los sectores económicos.

Así, la frontera juarense ha tenido que someterse a los designios del vecino país, sólo baste recordar que se ha tolerado que se declare zona libre[41] hasta el momento en que ellos (el comercio paseño) lo crean conveniente para sus intereses económicos. En este mismo tenor, la zona resiente la inequidad económica a partir de los años noventa, cuando se pone en marcha el Tratado de Libre Comercio de América del Norte, estimado como una integración económica con Estados Unidos y Canadá, donde del mismo modo se observan diferencias entre estos tres países y de nuevo México camina a desigual velocidad, con las desventajas que esto ocasiona.

Siendo Ciudad Juárez el receptáculo en donde se concentra la mayoría de los resultados de las fallas políticas de los gobiernos estadounidense y mexicano, de nueva cuenta por su ubicación estratégica, es donde se resiente de manera inmediata cualquier decisión que adopte el gobierno de Estados Unidos. Por ejemplo, *El Diario de Juárez* (fecha 2008) describe la siguiente situación:

… los Estados Unidos endurecen sus políticas de seguridad interna ocasionadas por la paranoia terrorista sufriendo los juarenses las largas filas donde tienen que esperar hasta dos y

---

[41] En 1858 Chihuahua creó una zona libre fronteriza, abolida en 1860. Se volvió a la zona libre finalmente en 1885 cuando se declara por el gobierno mexicano toda la frontera como zona libre, lo cual propicia un gran crecimiento para Ciudad Juárez, superando comercialmente a El Paso; fue eliminada en 1891 por presiones del comercio paseño el cual vio en la frontera mexicana una fuerte competencia (Flores Simental *et al.*, 1998). Para aliviar el peso de la competencia extranjera, el gobierno mexicano implantó una política de comercio libre a lo largo de la frontera. Durante los últimos 125 años ha existido la zona libre en el lado mexicano. A veces ha abarcado a todas las comunidades y en otras ocasiones sólo a unos pueblos en una región geográfica específica (Martínez, 1982:19-20).

media horas para poder cruzar a El Paso, esto ocasionado por las revisiones excesivas y sin tacto hechas a los residentes de esta zona.

Por otro lado el gobierno de Estados Unidos durante cuatro años ya está aplicando el Criminal Allien Program (CAP) consistente en limpiar las cárceles de este país de indocumentados y convictos (entre quienes están ilegales y residentes legales) deportándolos hacia nuestro país, a través del CAP Estados Unidos ha repatriado a México en cuatro años a 56 mil 622 inmigrantes de los cuales la tercera parte, esto es 18 mil 874, han sido exconvictos, es decir, personas que han purgado sentencias por delitos menores hasta crímenes graves y la inmensa mayoría han sido deportados por Ciudad Juárez...

Otra información de parte de uno de los entrevistados refiere que todos los convictos por delitos sexuales están siendo trasladados a una cárcel construida ex profeso para ellos en El Paso, hasta hoy las autoridades mexicanas parecen ignorar, o simplemente no muestran ningún interés al respecto a pesar de la peligrosidad que entraña este hecho para la frontera juarense. Otro fenómeno de igual magnitud y derivado también de nuestra cercanía con la ciudad vecina es el hecho del complejo asunto del narcotráfico que convirtió al país, pero más a las fronteras norteñas en "el trampolín para la monumental alberca" que es Estados Unidos.

La situación de "puerta de paso para las drogas", la enorme disponibilidad de todo tipo de sustancias en el mercado local y el poder económico del propio narco, han llevado también a un aumento importante del consumo de drogas en Ciudad Juárez. De tal manera que se mezclan hoy en día los problemas de narcotráfico, narcomenudeo y narcoconsumo con la corrupción de las autoridades locales, la disputa violenta por los mercados entre los cárteles de las drogas, la militarización de la ciudad y el aumento continuo de los asesinatos impunes.

Además de los hechos violentos desatados en los últimos quince años donde se han suscitado homicidios dolosos –feminicidios y crimen organizado- narcotráfico–, estos sucesos la han convertido en una población tristemente célebre y compleja.

Aunado a las circunstancias descritas, nos enfrentamos también con la enorme diferencia en los salarios de un país con el otro. A este respecto Martínez (1982) comenta que la más notable reside en el bajo ingreso de la población juarense, en comparación con la riqueza relativa de los residentes del lado norteamericano donde los salarios exhiben una ventaja pronunciada. Esta discrepancia la atribuye el autor a la línea divisoria.

Para ilustrar qué mejor que una parte de la entrevista realizada en el trabajo de campo. La familia de Lupita y Jorge se queja amargamente del problema diario al momento de pasar los puentes para ir a trabajar. Dicen en tono de broma que los de Migración ya los conocen. –Cuando cambiamos de puente nos preguntan ¿y ora, ustedes por qué se vinieron por acá?, pero en otras veces nos han regresado y a sufrirla… pero aquí (refiriéndose a Juárez) no vamos a ganar nunca lo que ganamos allá, así es que no nos queda otra.[42] En este ejemplo se palpa cómo es vivida la diferencia salarial de un país a otro, y además el control fronterizo establecido por las autoridades estadounidenses.

Se pueden observar más relaciones desiguales entre las dos ciudades que vivenciamos a diario. Bien se advierte que a pesar del tiempo prolongado para cruzar y de las medidas restrictivas y de control establecidas por la migración estadounidense hacia los mexicanos, estas circunstancias prevalecen. En el lado inverso, en cambio, los estadounidenses pueden cruzar el puente pronta y abiertamente y sobre todo libre de controles.

---

[42] Lupita y Jorge tienen 24 años de casados y ellos, junto con sus dos hijos mayores, pasan diario el puente con el único fin de trabajar desde hace ocho años. Llama la atención la constante en este sentido, donde los(as) entrevistados(as) mencionan las ventajas en cuanto al sueldo.

118

>...lo que en el plano macrosocial el discurso oficial presenta como una realidad urbana binacional metropolitana y fuertemente cohesionada, en el plano microsocial el momento en que los residentes de ambos lados transitan la frontera exhibe una peculiaridad netamente fronteriza: interacciones entre sujetos que reproducen la asimetría entre México y Estados Unidos. (Padilla, 2007:114)

Las causas de este comportamiento tan desigual tienen orígenes muy claros y evidentes, derivadas justo de la hegemonía conservada por Estados Unidos con relación a nuestro país, y la explicación la podemos encontrar en los hechos históricos antes mencionados.

En la actualidad Ciudad Juárez es un polo de atracción para las poblaciones del interior del país, y más allá de su frontera,[43] como zona de paso que les permitirá con mayor prontitud una senda hacia Estados Unidos. Alegría (1989) señala que las ciudades de la frontera mexicana han sido los vértices de confluencia de la migración de millones de mexicanos, latinoamericanos y asiáticos que intentan cruzarla rumbo a Estados Unidos. Aunado a esto, también es un área donde se da el fenómeno que es la transmigración.

Características sociodemográficas de Ciudad Juárez

Ciudad Juárez se ha caracterizado por altos niveles de crecimiento poblacional, producto de la constancia con la que han llegado migrantes internos a esta ciudad. Las causas de este incremento son aquéllos que no logran su cometido de llegar a Estados Unidos y se han quedado a residir en definitiva en esta ciudad, personas que sí lograron el objetivo de cruzar, ya sea sin documentos para trabajar o a través de una contratación formal y tomaron la opción de residir aquí para estar más cerca de los lugares de trabajo (transmigrantes).

---

[43] Hay que recordar que los migrantes de Centro y Sudamérica han tomado a México como país trampolín para lograr su acceso hacia los EU, jugando las fronteras en este entramado social un papel realmente importante.

De este modo Juárez se considera como aglutinador de inmigrantes y emigrantes y como espacio privilegiado del desarrollo económico y social.

Otro aspecto relevante lo es la dinámica del trabajo local, sector que ha generado una alta demanda de fuerza laboral en los últimos treinta años.

Análisis comparativo con El Paso

A Juárez y a El Paso siempre se les ha comparado, puesto que las dos están localizadas en lo que se denominó región Paso del Norte. Con respecto al crecimiento poblacional encontramos que Ciudad Juárez ha tenido un aumento mucho más rápido que su contraparte. Los años de interés a mencionar en esta investigación corresponden a partir de los años ochenta hasta el 2005.

Simeox (1993) argumenta que El Paso es estimada como la ciudad fronteriza más grande de la Unión Americana y en su población se ha dado un crecimiento rápido en mano de obra y trabajo desde los años setenta. En la década de los ochenta el empleo creció en un promedio anual del 2.9%, comparado al 1.7% para Texas y al 1.6% para Estados Unidos. Con todo, según El Paso Metropolitan Statistical Área (MSA), esta zona está considerada como una de las más pobres entre las ciudades importantes, con un desempleo crónico alto y ganancias más bajas. Más trabajo no implica mejoría sostiene el autor.

Según este estudio, las razones del "crecimiento sin prosperidad" en la ciudad, radica primero en factores demográficos tales como índices de natalidad altos y la migración internacional, así como el predominio de industrias necesitadas de mano de obra barata con ambiente no sindical. En el sector de servicios también se ha visto el repunte de trabajo, mucho de él no calificado con salarios bajos, en parte estimulado por la demanda del consumidor mexicano.

Otros factores clave para la mayor participación de mujeres[44] hispanas son los requerimientos de bajas expectativas, cualidades y habilidades del(a) trabajador(a), así como el crecimiento explosivo de la demanda de mano de obra, un alza anual del 3.4% entre 1974 y 1990.

La migración constituye otro segundo elemento para el estancamiento del desarrollo de la ciudad. Según Simeox, la entrada de trabajadores inmigrantes legales e ilegales y de los que viven en México (*commuter* o transmigrantes) incrementa la mano de obra no calificada, además tienen un alto índice de fertilidad. Un 43% del crecimiento demográfico de El Paso, entre 1970 y 1990, provino de la migración internacional, contribuyendo por lo menos con 50 mil trabajadores adicionales. De los empleados *commuters* (transmigrantes) aumentaron por lo menos 25 mil.

El Paso es la ciudad del salario bajo, lo que atrae o anima la inversión de la baja productividad. Los presupuestos públicos se consumen en pagar la escolaridad básica y mantienen los costos que acompañan el crecimiento demográfico rápido, dejando menos para la inversión en mayor competitividad. En resumen, la ciudad está en el centro de una región históricamente desfavorecida –México norteño, Nuevo México y el oeste de Texas–. Esta zona no se bendice con la tierra de labradío o agua abundante y está lejos de los mercados principales de Estados Unidos (Simeox, 1993).

---

[44] El impulso de la mano de obra entre mujeres mexicanas y mexicanas-americanas se da desde los comienzos de los años setenta. El índice de participación femenina se incrementó a partir del 36.4% en 1970 a 49% en 1980, y al 53.9% en 1990, pues las restricciones de la aduana hacia la familia cambiaron y las preferencias del patrón para las mujeres en ciertas ocupaciones, tales como ropa y electrónica.

Ante esta perspectiva paseña, procedo ahora de manera gráfica a mostrar las semejanzas o diferencias con la ciudad fronteriza de Juárez que ha tenido un crecimiento poblacional mayor. Se presenta en el siguiente cuadro comparativo la evolución de ambas ciudades. Éstas registran varias diferencias entre los datos demográficos relativos a la cantidad de pobladores, lo que se advierte la preponderancia de la frontera mexicana.

Crecimiento de la población entre Juárez y El Paso:

Cuadro 2. Comparativo poblacional

Ciudad Juárez		El Paso
1980	425 259	649 275
1985	478 581	803 324
1995	583 421	1'010 533
2000	563 662	1'217 818
2005	598 590	1'313 338

Fuente: Instituto Nacional de Estadística, Geografía e Informática (INEGI, 2005).

Alegría (2000) elabora un trabajo que destaca la gran diferencia de las ciudades fronterizas ubicadas en México y Estados Unidos, resulta clara su visión al estimar que las ciudades que se encuentran dentro de los límites de frontera no son una única "metrópoli fronteriza", ni una "sociedad transfronteriza". Para validar tal aseveración realiza un análisis sobre el tema.

El autor señalado observa reticencia para nombrarlas como "ciudades gemelas" cuando escribe que lo transfronterizo se define como un modo de vida caracterizado por una frecuente interacción entre instituciones e individuos pertenecientes a dos culturas y economías totalmente diferentes. Él hace hincapié en la divergencia que existe entre las dos entidades fronterizas, diferencias tanto en la cultura como en lo económico, y va más allá al hablar sobre el proceso de interacción entre ambas que se caracteriza por la debilidad de las relaciones.

"Sociedad transfronteriza"[45] la significa como una estructura social transfronteriza cuya estratificación se despliega atravesando la frontera. Esta visión hace aparecer a las fronteras de ambos países como iguales o semejantes entre sí (región transfronteriza, misma estructura, similares procesos económicos y sociales). En tal sentido, las diferencias no aparecen como una ruptura, sino como una continuidad estratificada de la estructura social binacional. Tampoco está de acuerdo con la binacionalidad de la región fronteriza, ya que ésta sólo es una enunciación geográfico-social no político-administrativa, lo cual supone una contradicción entre el modo nacional de elaborar y llevar a la práctica la política pública sobre la frontera.

La idea de que cada par binacional de ciudades vecinas conforma una única ciudad o región implica que ambas tienen futuros e intereses similares, esta idea de unicidad no toma en cuenta que el crecimiento urbano del lado mexicano, y en parte el del lado estadounidense, depende de las diferencias económicas entre ambos países.

Sobre la interacción constante de la que con frecuencia se alude acerca de las relaciones de los actores sociales, tanto mexicanos como angloamericanos, que se supone que presentan prácticas sociales similares, encuentra el autor que no es así, ya que para que exista tal similitud es necesario que los actores sociales de ambos lados conozcan procedimientos de acción similares, interpreten y apliquen del mismo modo los aspectos semánticos y normativos de éstos y tengan acceso al mismo tipo de recursos.[46]

---

[45] Hasta finales de la década de los años setenta, en los estudios mexicanos los problemas fronterizos eran examinados como procesos nacionales. En 1981 se propone la primera visión transfronteriza (Bustamante, 1981). Propone como área fronteriza "a una región binacional geográficamente delimitada por la extensión empírica de los procesos de interacción entre las personas que viven a ambos lados de la frontera". (Alegría, 2000)
[46] Los recursos de un lugar son los medios a los que puede acceder un agente y que manipula para influir en el curso de la interacción con otros (Cohen, 1991). En las sociedades modernas los recursos son cada vez menos de origen natural y cada vez más producidos por la propia sociedad. Sólo si hubiera una misma estructura social

124

Ante esta perspectiva de pobre interacción en que priva la asimetría tanto económica como social entre localidades con diferencias estructurales, se producen los procesos transfronterizos y se relacionan con actividades que establecen las ciudades fronterizas y su contraparte del país "vecino". La localización geográfica de estas ciudades tiene mucho que ver por la cercanía que prevalece entre ellas y su contraparte, ya que sus principales actividades se derivan de la contigüidad espacial que facilita los nexos transfronterizos como son las maquilas de exportación, el comercio de consumo ofrecido por los norteamericanos hacia los fronterizos mexicanos, la transmigración de la fuerza de trabajo, el turismo.

Esta situación ha producido particulares estructuras espaciales, poblacionales y económicamente urbanas. De especial atención es el proceso de transmigración que tiene por representantes primordiales a los habitantes de Juárez que trabajan en El Paso o en lugares cercanos a esta frontera norteamericana.

Vale la pena decir que no nada más Ciudad Juárez mantiene mayor crecimiento demográfico con relación a El Paso, sino también con respecto al estado y municipio de Chihuahua. Lo podemos observar en el siguiente cuadro comparativo de la tasa de crecimiento demográfico de los principales municipios chihuahuenses.

Cuadro 3. Crecimiento demográfico de los municipios de Ciudad Juárez, Chihuahua y el estado de Chihuahua, 1995-2000 ---- 2000-2005

Estado de Chihuahua	Municipio de Juarez	Municipio de Chihuahua
1999-2000	1999-2000	1999-2000
2.5%	4.5%	1.8%
2000-2005	2000-2005	2000-2005
7.7%	3.8%	n.d.

Fuente: Radiografía socioeconómica del municipio de
Juárez (así comenzó 2006) IMIP, INEGI, 2005.

Con relación al estado y municipio, el desarrollo poblacional
de Ciudad Juárez es muy diferente. Veamos el siguiente cuadro de
los principales indicadores socio demográficos.

Cuadro 4. Principales indicadores sociodemográficos de
México, Chihuahua y Ciudad Juárez, 2000-2004

2000	México	Chihuahua	Cd. Juárez
Edad mediana	22	23	24
Edad media	26.2	30.3	25.1
Indice de masculinidad	95.4	99.2	101.1
Tasa de natalidad	18.8	18.8	17.6
Promedio de hijos nacidos vivos por mujer	2.6	2.6	2.4
2004			
Tasa de mortalidad	4.5	4.1	4.1
Esperanza de vida al nacimiento			
Hombres	72.7	73.9	74.1
Mujeres	77.6	78.6	78.9

Fuente: Instituto Nacional de Estadística, Geografía e Informática
(INEGI). Sistema de consulta sobre indicadores sociodemográficos
(www.inegi.gob.mx) y cálculos propios derivados de la Secretaría
de Salud del estado de Chihuahua.

La finalidad de este cuadro es hacer comparativos con respecto a Ciudad Juárez, al estado y al país en su totalidad. Los dos primeros indicadores no tienen diferencias sustanciales y se comportan igual en Juárez (24 años), Chihuahua (23 años) y el país (22 años). En la edad promedio de la población también se aprecia igualdad en los tres contextos geográficos. En el caso de Ciudad Juárez hay que mencionar que el promedio de edad está influido por la llegada de inmigrantes que en su mayoría son jóvenes.

Con el objetivo de hacer notar la relevancia de Ciudad Juárez como frontera es necesario compararla con las principales ciudades del norte de México, como son Tijuana y Nogales de mayor población después de Juárez. Presentamos datos de las demás ciudades fronterizas con sus respectivos estados.

La población que habita en estas ciudades representa a casi la totalidad de los habitantes de los municipios en que están asentadas, de tal forma que, prácticamente el total de la población vive en las zonas urbanas que espacialmente incluyen los límites de su localidad.

128

Cuadro 5. Tasas de crecimiento anual por periodos censales a escala nacional en los estados fronterizos y en los principales municipios de la frontera, 1980/1990, 1990/2000, 2000/2005. Por número de habitantes

Municipios	1980/1990	1990/2000	2000/2005
Juárez	3.56	4.99	1'313 338
Tijuana	5.06	4.39	1'403 687
Mexicali	1.70	2.44	855 962
Matamoros	2.47	2.34	462 827
N. Laredo	0.79	3.55	355 827
Nogales	4.83	4.15	193 517

Chihuahua	2.03	2.26	3'241,444
Baja California	3.58	4.15	2'844,469
Tamaulipas	1.61	2.03	3'024,238
Sonora	1.92	1.97	2'394,861
Coahuila	2.45	1.54	2'495,200
N. León	2.17	2.15	3'337,370
México Nacional	2.02	1.84	103'263,388

Fuente: CONAPO. La población de los municipios de México, 1980/1990, México, 1994; e INEGI, XII Censo General de Población y Vivienda, 2000; INEGI, 2000/2005.

Crecimiento poblacional

Algunos antecedentes puntuales ayudarán a conocer el proceso de crecimiento por el que la ciudad ha pasado, las causas se pueden considerar a partir de varios hechos acontecidos en los años cuarenta del siglo pasado. Para ubicar los inicios de este aumento se insiste en la mencionada posición cercana a Estados Unidos como la principal causante de este fenómeno demográfico, el cual se debe a varios factores. Hay que recordar que la frontera mexicana se convierte en muchas ocasiones sólo en "ciudad de paso" o "aglutinadora de migrantes", Por otra parte, la presencia de la maquila de exportación se ha llegado a constituir en una fuente de empleo que también llama la atención a aquellas poblaciones del centro y sur del país, así como del estado. Además Juárez siempre ha sido una zona turística con la consiguiente derrama económica que trae consigo y que no deja de ser un atractivo para aquellos que al ver frustradas sus ilusiones de irse del país, aquí cuentan con esta rama laboral.

Rubio Salas (2005) manifiesta que los movimientos demográficos de Ciudad Juárez, históricamente[47] se han caracterizado por altos niveles de crecimiento poblacional. Tan sólo durante el periodo transcurrido entre 1940 y el 2000, la cantidad de habitantes pasó de poco más de 55 000 a más de 1.2 millones.

---

[47] a) De los años cuarenta a mediados de los años sesenta, en 1942 "programa de braceros" (para labores agrícolas y construcción de vías férreas). b) Auge económico del valle agrícola "Valle de Juárez", impulsado con una fuerte inversión en infraestructura por el gobierno federal. c) La reactivación de la economía estadounidense por la conclusión de la Segunda Guerra Mundial, se alargó la contratación de emigrantes mexicanos para trabajar en la agricultura y en obras de infraestructura, a la vez que el alto nivel de ingresos de los habitantes norteamericanos que llegaban a Ciudad Juárez para consumir bienes y servicios.

130

Gráfica 1. Evolución de la población de Ciudad Juárez, total de la población y tasas de crecimiento

1950-2015

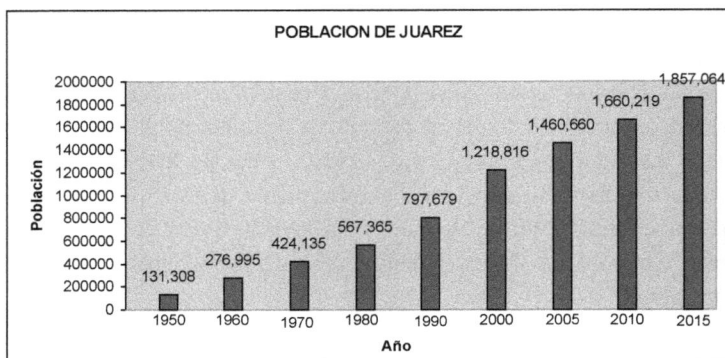

Fuente: Cálculos propios con base en los datos de CONAPO. La población de los municipios de México, 1950/1990; y los datos del XII Censo General de Población y Vivienda, 2000.

Gráfica 2

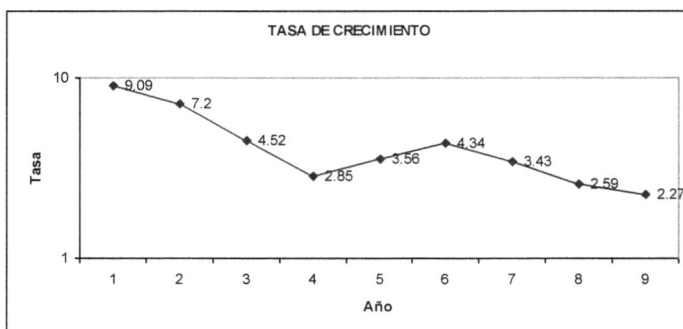

Fuente: Cálculos propios con base en los datos de CONAPO. La población de los municipios de México, 1950, 1990, y los datos del XII Censo General de Población y Vivienda, 2000.

Características de los hogares en Ciudad Juárez

En Ciudad Juárez el proceso de migración da como resultado un aumento considerable del número de hogares, cifra que se duplicó en veinte años y pasó de 170 328 en 1990 y llegó a 279 874 en el 2000, y para el 2005 alcanzó la cifra de 320 285. Lo anterior refleja una tasa de crecimiento media anual de 13.2% en 30 años, mientras que a nivel nacional ésta fue de 8.5 en ese mismo periodo.

El ritmo de crecimiento de los hogares (5.1) en los últimos diez años en Juárez es mucho mayor que el de la población (4.3%), mientras que en el estado de Chihuahua crecía a una tasa de 1.9%, más cercana a la del promedio nacional que era de 1.6%.

Cuadro 6. Número de hogares

Núm. de hogares	1980	1990	2000	2005
Ciudad Juárez	n.d.	170,328	279,874	320,285
Estado de Chihuahua	417,262	531,329	744,159	849,768
Nacional	13,450,699	16,202,846	22,268,916	25' 120, 275

Fuente: Elaboración propia a partir de los censos de Población y Vivienda del INEGI.

132

Gráfica 3. Evolución de los hogares en Juárez

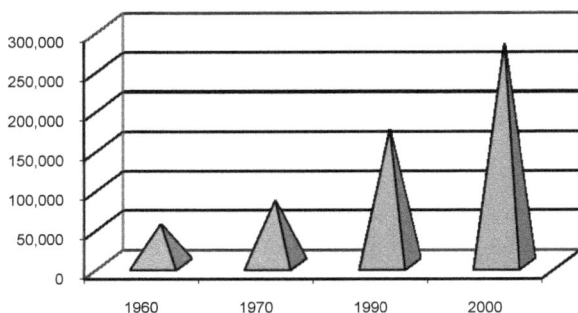

Fuente: Elaboración propia a partir de los censos de Población y Vivienda del INEGI.

De acuerdo con los datos del censo de población del año 2000 en el municipio de Juárez, el 92.5% de los hogares eran de clase familiar[48] y el 7.5% eran no familiares,[49] mientras que en el estado de Chihuahua esta relación guarda la misma proporción a diferencia de los datos a nivel nacional, en que los de tipo familiar eran el 93.2% y los no familiares el 6.7%.

A pesar de que la conformación de los hogares en México es básicamente de tipo familiar, en Juárez el porcentaje de los no familiares es más alto, ya que la migración obliga a compartir un techo con personas que no tienen relación de parentesco con el fin de que los gastos de manutención y vivienda sean menores.

---

[48] De acuerdo con el INEGI, es el hogar en el que por lo menos uno de los integrantes tiene relación de parentesco con el jefe del hogar. Se clasifican en ampliados, compuestos y nucleares.
[49] De acuerdo con el INEGI, es el hogar en el que ninguno de los integrantes tiene relación de parentesco con el jefe del hogar. Se clasifican en hogares de corresidentes y unipersonales.

Asimismo, refleja que quizá haya un gran número de estos migrantes que viven solos.

Gráfica 4. Distribución de los hogares según su tipo, 2000

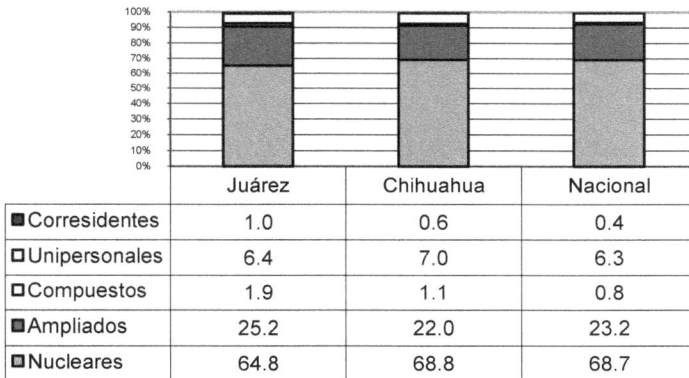

	Juárez	Chihuahua	Nacional
■ Corresidentes	1.0	0.6	0.4
□ Unipersonales	6.4	7.0	6.3
□ Compuestos	1.9	1.1	0.8
■ Ampliados	25.2	22.0	23.2
□ Nucleares	64.8	68.8	68.7

Fuente: Elaboración propia a partir de los Censos de Población y Vivienda del INEGI.

En lo que corresponde al 2005, la distribución de los hogares según su tipo son las siguientes: corresidentes 178 021, unipersonales 2'052 045, compuestos 312 753, ampliados 5'362 606, nucleares 17'194 850. Con estos datos se puede comprobar que a pesar de los cambios del hogar tradicional, aún pesa la conformación nuclear en la familia nacional mexicana.

Cuando se analizan los hogares según su tipo (véase gráfica 4), se observa que en Juárez el porcentaje de hogares nucleares[50] para el año 2000 era de 64.8%, es decir cuatro puntos porcentuales

---

[50] Los hogares nucleares son aquellos compuestos por el jefe y su cónyuge; el jefe y su cónyuge con hijos o el jefe con hijos.

134

menos que el del estado y a nivel nacional (68.8 y 68.7% respectivamente), lo cual indica que en el municipio de Juárez la composición de las familias cambia con relación al resto del país. El porcentaje de hogares extensos[51] es mayor que en el estado y que en el promedio nacional, 25.2% contra 22 y 23.2%, respectivamente. Esta situación puede deberse, entre otros factores, a la llegada a los hogares de familiares o amigos que migran; otra razón puede ser que las condiciones económicas generen que varias familias o miembros se mantengan en el hogar para ahorrar en los gastos; y una tercera hipótesis pudiera ser la insuficiente oferta de vivienda o su alto costo.

Dentro de los no familiares la proporción de hogares unipersonales (personas que viven solas) en Juárez (6.4%) es prácticamente igual a la del promedio nacional (6.3%). Estos porcentajes corresponden al año 2000.

Según los datos proporcionados por Incide Social en Juárez los cambios observados en la composición, estructura y desarrollo de las familias son más acelerados en comparación con lo que ocurre en otras ciudades y estados del país. La investigación realizada por esta asociación indica que existen deficiencias en la provisión de infraestructura y servicios por parte de los gobiernos, sector privado y social, debido al ritmo de crecimiento de las familias, a que el tiempo destinado a la reproducción o economía del cuidado es cada vez más escaso y porque una proporción alta de las familias juarenses son jóvenes y con niños pequeños.

Es así que existe insuficiencia de redes de apoyo social e institucional para la economía del cuidado. En educación inicial y preescolar son atendidos sólo 7 667 de 137 342 niños y niñas entre los 0 y 4 años de edad, es decir 5%.

---

[51] Formados por un hogar nuclear con otros parientes y/o con personas sin lazos de parentesco con el jefe del hogar, también puede ser un jefe con otros parientes. Dentro de estos hogares puede haber empleados (as) domésticos(as) o no.

Por otra parte en Juárez es el 4% menor el número de hogares nucleares: comparado con el índice del nacional, pero el porcentaje de jefatura femenina supera en 1.5% el promedio nacional. También se encontró que los hogares con jefatura femenina tienen menores ingresos que los de jefatura masculina (Incide Social).

Gráfica 5. Jefatura masculina y femenina, 2000

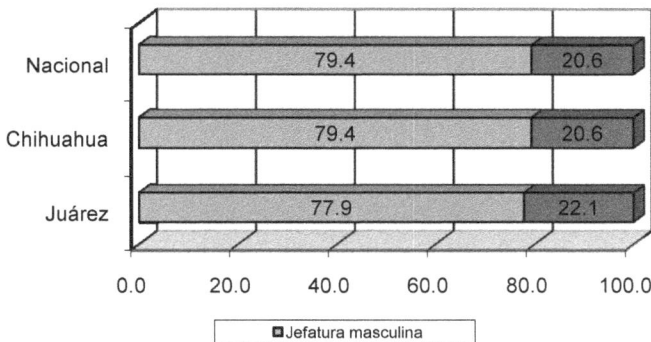

Fuente: Elaboración propia con datos de CONAPO.

Para actualizar este dato hasta el 2005, sustraje de CONAPO los siguientes resultados a nivel nacional: tenemos que son jefes del hogar 19'392 516 (76.9%) hombres 5'727 759, (23.1%) mujeres, en el estado de Chihuahua la jefatura masculina la sustentan 657 410 (76.9%), mientras que la jefatura femenina es de 192 358 (23.1%); en lo que se refiere a Ciudad Juárez encontramos que la jefatura masculina es de 242 746, y la femenina es de 77 839. Estos datos muestran que el control o jefatura femenina va en crecimiento.

Otra característica tanto de Juárez como del estado de Chihuahua es que hay un mayor porcentaje de familias pequeñas, mientras que a nivel nacional hay más hogares con más integrantes. Esto puede deberse tanto a patrones culturales dominantes como al alto costo de la vida en la frontera norte o a la menor fecundidad por el trabajo extradoméstico de la mujer.

Género y trabajo en Ciudad Juárez

Según reportes de Incide Social, cuatro de cada diez mujeres en Juárez trabajan (a nivel nacional son tres de cada diez) y tienen una doble jornada con más horas de trabajo doméstico y extradoméstico: 64.8 horas en Chihuahua contra 62.7 horas del promedio nacional. La balanza se encamina hacia una elevada tasa de participación de las mujeres entre 20 y 44 años. En lo que respecta a los hombres, la proporción que realizan de trabajo doméstico y extradoméstico es menor: en Chihuahua es del 43.4% contra 53.7% del promedio nacional. (Incide Social)

Por otro lado, hay un descenso en la tasa de mortalidad. Mientras que en 1930 la esperanza de vida era de 35.2 años en los hombres y de 37 años para las mujeres, en 1999 es de 72.8 y 77.3 años respectivamente (CONAPO, 1999:15). El informe más actualizado sobre la tasa de fecundidad revela que a nivel nacional es de 2.2 %, en el estado de Chihuahua es de 2.2 y en Ciudad Juárez es de 2.4 (INEGI, 2000).

Se refleja en Ciudad Juarez, derivado de la crisis económica, la ausencia de los migrantes nacionales que retornan a su lugar de origen. Por ello, otro aspecto que llama la atención y se considera que requiere especial cuidado es que en la actualidad abundan las viviendas desocupadas, lo que viene a ser un vacío de información que no es registrado en las estadísticas de los censos de población y vivienda.

Existe una cantidad nada despreciable de mujeres jefas del hogar que son separadas, divorciadas o viudas, y que cargan con la responsabilidad de la manutención de los hijos y de la casa.

En el indicador sobre la feminidad y masculinidad, Ciudad Juárez muestra un desequilibrio inclinado hacia los hombres (101.1), dato poco común en escalas geográficas con un gran grupo de población, sin embargo, en el caso de esta ciudad la preponderancia influye por el hecho de que el balance final de inmigrantes se recarga hacia el lado masculino, a pesar de que se ha mitificado una supuesta presencia femenina mayoritaria entre los que llegan de otras partes del país para trabajar en las maquiladoras.

Con la operación de la industria maquiladora en Ciudad Juárez se inicia un proceso en el que destaca la acción de la mujer –feminización–, ya que para poder llenar las necesidades de mano de obra se produjeron migraciones tanto del sur de Chihuahua como de los estados que se encuentran cercanos. Esto ayudó a convertir a Juárez en una ciudad obrera *sui generis* con la participación laboral de las mujeres. En realidad, la abundancia de mano de obra era masculina, debido al término del Programa Braceros, pero se prefirió contratar a mujeres jóvenes (18-25 años) que no habían trabajado antes por las siguientes razones: menos conflictivas, generan así estabilidad laboral, además por su capacidad de soportar rutinas monótonas y repetitivas (Incide Social, 2005).

Pero al paso del tiempo este comportamiento varió inclinando la balanza de contratación hacia el sector masculino. Con relación a la masculinización paulatina de la industria maquiladora en Ciudad Juárez, siendo al principio un trabajo feminizado, inició a mediados de los años ochenta cuando hubo nuevos procesos productivos que incluían cada vez más varones en las líneas de producción en actividades especiales –más calificadas– para ellos. Pequeño (2005) dice al respecto:

En la actualidad, con la introducción de nuevas tecnologías y la división sexual del trabajo, los hombres realizan el trabajo calificado y un número menor de mujeres se localiza en tareas rutinarias, ya que su movilidad es difícil. A las exclusiones pasadas se añaden otras y en el contexto de la flexibilidad laboral hoy distingo dos escenarios para la industria maquiladora: uno, con un sector taylorizado, feminizado y

138

asociados con las industrias o actividades tradicionales (confección, textil y calzado) y otro, conformado con un sector flexibilizado con mayor presencia masculina y relacionados con los nuevos modelos de producción e innovación tecnológica (Pequeño, 2005:36).

Se observa en la gráfica 6 la participación económica en la ciudad, diferenciada por sexos.

Gráfica 6

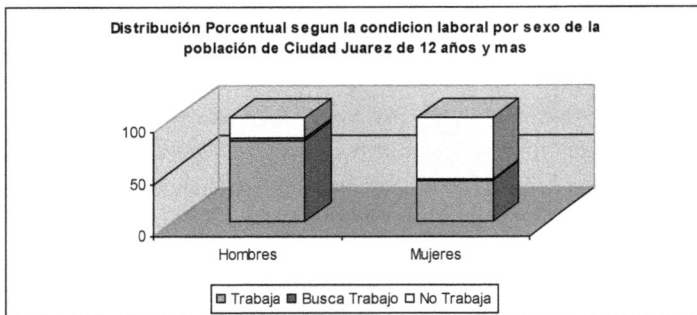

Fuente: IMIP (Instituto Municipal de Investigación y Planeación). "Radiografía socioeconómica del municipio de Juárez", 2004.

El empleo y sus transiciones

A partir de los años ochenta el impulso central del crecimiento poblacional de la ciudad se constituye en una dinámica creciente de demanda laboral, cuyo principal impulsor es la industria maquiladora de exportación. El efecto más importante de la operación de esta industria tiene que ver con el impulso generado en la demanda de fuerza de trabajo, tanto de manera directa como indirecta, por sus resultados multiplicadores sobre las actividades comerciales y de servicios, ellos fueron del orden del 0.90% nuevas plazas por cada una que la industria maquiladora generó.

Ante estas condiciones resulta explicable que durante gran parte de los últimos quince años los niveles de desempleo abierto de la ciudad en pocas ocasiones han sobrepasado el 3%. Es a partir del 2001 cuando este proceso sufre cambios (más adelante se describe).

A pesar de que en la década de los años ochenta la tasa de crecimiento demográfico no alcanzó los extraordinarios niveles de antaño, ésta continúa siendo de las más altas del país en las dos décadas finales del siglo próximo pasado. Durante este periodo, el impulso más importante lo es la dinámica creciente de la demanda laboral de los mercados de trabajo urbanos particulares de cada ciudad, donde la industria maquiladora tiene un papel fundamental. Se puede decir que la presencia de las maquilas de exportación ha generado una alta demanda de mano de obra, sobre todo en los últimos treinta años. Veamos el cuadro siguiente, el cual nos arroja el comportamiento de las fronteras de Tijuana y Juárez y su importancia palpable en el ramo de la implantación de maquiladoras.

Cuadro 7. Evolución en cuanto al número de empresas y el personal ocupado en la industria maquiladora de Ciudad Juárez y Tijuana y el total nacional en México, 1980-2000

	Ciudad Juárez	Tijuana	Nacional

Empresas	Total	% Nacional	Total	% Nacional	Total	Total Nacional
1980	121	19.5	123	19.8	620	100
1985	174	22.1	203	25.7	789	100
1990	248	13.0	436	24.4	1.789	100
1995	249	11.0	515	22.7	2.267	100
2000	308	8.4	811	22.1	3.667	100
Personal						
1980	42,412	34.2	12,299	9.9	123,898	100
1985	79,043	36.3	24,815	11.4	217,544	100
1990	120,854	27.5	56,489	12.9	439,474	100
1995	160,072	23.5	98,949	14.5	681,251	100
2000	260,410	19.6	196,002	14.7	1,331.719	100

Fuente: Incide Social, 2005.

Con relación a la pérdida de empleos en Ciudad Juárez, encontramos los siguientes datos en Incide Social, 2005, que reporta que a partir de la crisis del 2001 hay varias razones por las que el número de establecimientos y la pérdida del empleo se produjeron desde la fecha mencionada. La gran recesión por la que atravesó Estados Unidos impactó a la industria maquiladora y su producción bajó de forma notable. Ello causó el despido de los trabajadores y el cierre de muchas plantas.

Gráfica 7

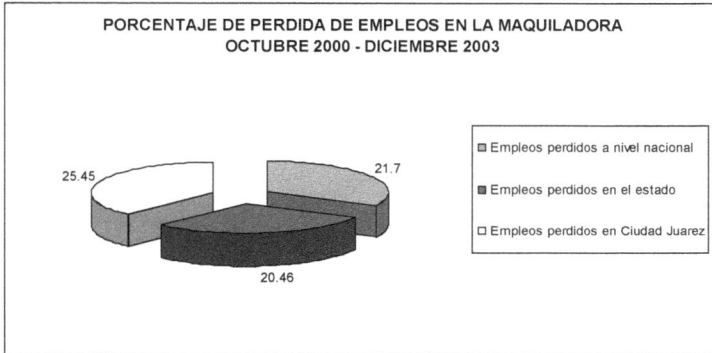

PORCENTAJE DE PERDIDA DE EMPLEOS EN LA MAQUILADORA
OCTUBRE 2000 - DICIEMBRE 2003

25.45   21.7   20.46

- Empleos perdidos a nivel nacional
- Empleos perdidos en el estado
- Empleos perdidos en Ciudad Juarez

Fuente: Incide Social, 2005.

Como muestra la gráfica, el mayor impacto negativo se registró en Juárez con un porcentaje del 25.4%, lo que significa un total de 67 203 empleos perdidos.

El despido de los trabajadores estuvo acompañado por el cierre de numerosas plantas.

Cuadro 8.

Personal ocupado en la industria maquiladora

en Ciudad Juárez

Año	Trabajadores
1980	42,412
1990	120,854
1999	222,866
2000	255,740
2001	207,087
2002	192,485
2003	196,769

Fuente: IMIP (Instituto de Investigación y Planeación). "Radiografía socioeconómica del municipio de Juárez", 2004.

En el anterior cuadro se puede apreciar que el personal ocupado inicia su ascenso a partir de 1980 hasta llegar al 2000, siendo en el 2001 cuando dicha contratación inicia su descenso hasta llegar al 2003 con una cantidad menor de empleados.

Una vez más, a partir del 2001 se presenta la drástica caída de la economía norteamericana, la respuesta en términos de nuevos empleos, tanto en la maquila como en el sector formal, es totalmente negativa y poco a poco se corrige en la medida que la economía norteamericana sale de la recesión.

El impacto de la crisis se tradujo en una pérdida de 79 mil empleos formales en los años 2001 y 2002. Las maquiladoras despidieron a 63 255 obreros en esos dos años.

Gráfica 8

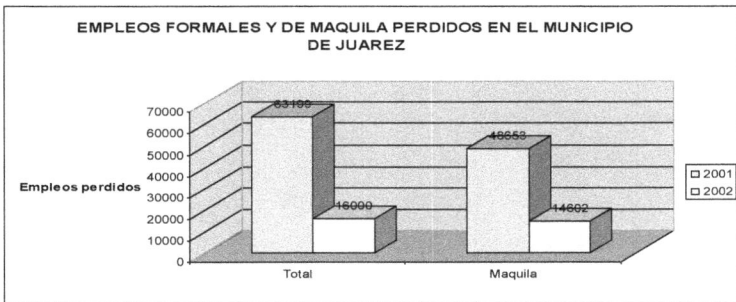

EMPLEOS FORMALES Y DE MAQUILA PERDIDOS EN EL MUNICIPIO DE JUAREZ

Fuente: IMIP (Instituto Municipal de Investigación y Planeación). "Radiografía socioeconómica del municipio de Juárez", 2002.

En general Juárez había mostrado tasas de desempleo abierto inferiores a las registradas a nivel nacional, aun en 1995, año de crisis y de tasas altas de desempleo en el país. Es a partir de fines del 2001 cuando empieza a mostrar una tendencia mayor de desempleo que en el resto del país, la cual se mantiene hasta mediados del 2002, debido a la salida de plantas maquiladoras.

El IMIP calcula que de octubre de 2000 a diciembre de 2002 del total de empleos formales perdidos en el estado, el 79.3%

144

correspondió a Juárez, lo que a su vez significó un 23.6% a nivel nacional.

El dato más actual que se tiene de Ciudad Juárez es para junio de 2003 cuando la tasa de desempleo se ubicó en 2%. Ésta a partir de entonces a nivel nacional ha alcanzado índices históricos. En septiembre de 2004 afectó al 4.3% de la Población Económicamente Activa (PEA), seguramente influida por la salida del país de la industria maquiladora (Incide Social, 2005).

Gráfica 9

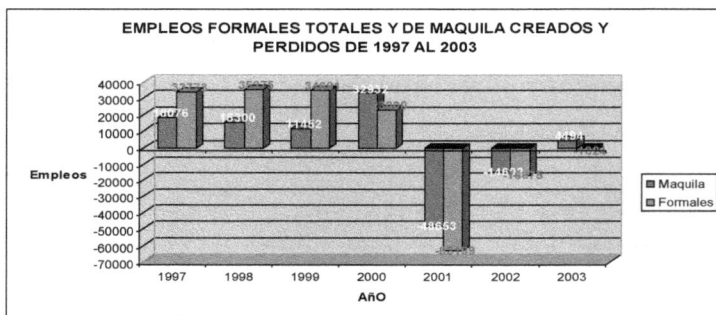

EMPLEOS FORMALES TOTALES Y DE MAQUILA CREADOS Y PERDIDOS DE 1997 AL 2003

Fuente: Elaboración propia con datos de Incide Social, 2005.

En lo relativo al empleo por sectores, encontramos en el siguiente cuadro una muestra clara del dominio del sector secundario.

Gráfica 10

Fuente: IMSS, estimaciones poblacionales (IMIP).

Llama la atención la preponderancia del sector secundario (minería, industrias manufactureras, agua, comercio y electricidad) sobre el sector terciario (comercio, transportes, correos y almacenamientos, información en medios masivos, servicios y actividades de gobierno). El sector primario (agricultura, ganadería, pesca, caza y forestal) representa una parte ínfima de las actividades económicas del municipio y la gráfica anterior nos muestra su casi extinción, así como la paulatina desaparición del las zonas rurales. Al respecto, Arias y Woo (2007:9) realizan una reflexión donde cuestionan las drásticas modificaciones en las relaciones entre el campo y la ciudad: "cada vez es más difícil referirnos a lo rural y lo urbano como ámbitos separados y socialmente distintos, esto ha dado lugar a situaciones y fenómenos sociales inéditos". Una experiencia personal de esto ha sido atestiguar que pequeñas comunidades rurales parecen "zonas fantasmas" porque se encuentran las casas solas, abandonadas por sus habitantes que emigraron ya hacia el extranjero o a las zonas urbanas.

El comportamiento del empleo formal se representa de la siguiente manera (2005):

Gráfica 11

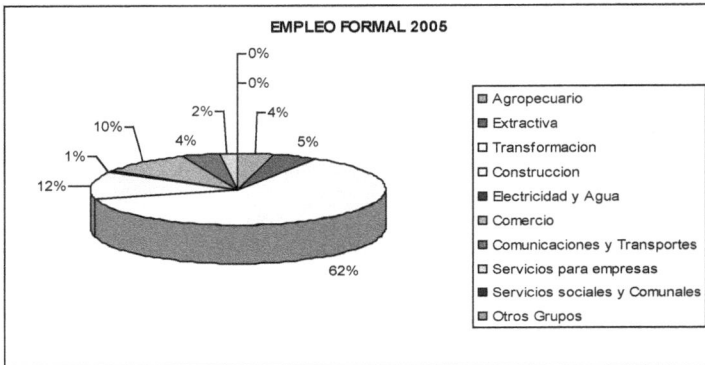

Fuente IMSS, estimaciones poblacionales (IMIP).

Para continuar con el factor ocupacional, dentro del empleo formal para el 2005, hay un predominio de 62% en el ramo de la transformación, al ser las maquilas de exportación (empresas transnacionales) dedicadas al ensamble de manufacturas, aquellas que arropan económicamente a nuestra localidad en el sentido de la demanda de la fuerza de trabajo. Los otros sectores, servicios para empresas y comercio, contribuyen con un 12% y 10%, respectivamente. Llama la atención la presencia de la industria extractiva así como la de comunicaciones y transporte que reportan cantidades de 5 y 4 %.

Otro elemento que distingue a Ciudad Juárez de otras ciudades del país, en gran parte causado por la inmigración y por el empleo en la maquila, es el alto nivel de participación económica de la mujer, relacionado con una mayor proporción de jefas del hogar.

Migración

Para el año 2000 como producto del fuerte crecimiento de la población, ocasionó que se alcanzara poco más de un millón doscientos mil habitantes. Porque hay que mencionar que las variables de natalidad y de mortalidad observan un bajo nivel, es entonces la migración la que se vuelve a constituir como el principal catalizador de este crecimiento demográfico.

Rubio Salas (2005) menciona que los niveles de natalidad o mortalidad bajos que se presentan en la frontera son producto de las condiciones de mayor modernidad y urbanización comparada con la mayoría del resto de las regiones del país.

A manera de ilustración he seleccionado un cuadro que nos ayuda a entender cómo se mueve la migración dentro de la república mexicana. Para efectos de este trabajo elegí a los tres estados con mayor cantidad de emigrantes y a los tres con menor cantidad en comparación con el lugar que ocupa el estado de Chihuahua, el cual se encuentra en medio, según las cantidades arrojadas en la representación gráfica.

**Cuadro 9. Población emigrante a Estados Unidos de América
por entidad federativa, según censo del 2000**

Entidades federativas con mayor número de emigrantes	Total	Hombres	Mujeres
	1'569 157	1'181 755	387 402
Jalisco	170 793	122 747	48 046
Michoacán	165 502	128 034	37 468
Guanajuato	163 338	136 750	26 588
*Chihuahua	49 722	32 125	17 597
Entidades federativas con menor número de emigrantes			
Quintana Roo	2 496	1 581	915
Campeche	2 192	1 677	515
Baja California Sur	2 360	1 646	714

Fuente: INEGI, 2000.

La inmigración (migración interna) en Ciudad Juárez

Es preciso señalar que en términos de censo del 2000 el concepto de migrante interno y/o inmigrante se refiere a las personas que nacieron en cualquier otra entidad federativa fuera de Chihuahua y los nacidos en otro país (Estados Unidos), de tal manera que no están incluidas las que inmigraron desde alguna otra localidad del mismo estado al que pertenece Ciudad Juárez. En este sentido, se aprecia que tanto en hombres como en mujeres alrededor del 63% son no inmigrantes por haber nacido en el Estado de Chihuahua. Los inmigrantes internos llegados desde cualquier otro estado mexicano son del orden de casi 35% de los hombres y de 33.6% en el caso de las mujeres. Y por último, los inmigrantes internacionales concentran cerca del 3% (para el 2008 ya ascendió a 3.7%) de ambos sexos, la mayoría de los cuales son nacidos en Estados Unidos e hijos de residentes de la ciudad, pues la posibilidad y el interés por parte de los padres de que los hijos nazcan del otro lado de la frontera es muy común.

Conforme los años pasan, las corrientes migratorias hacia Juárez han provenido de diferentes entidades del país, aportando Durango el 30.8 por ciento, Coahuila el 19.6%, Veracruz el 11.6%, Zacatecas el 11.0% y otras entidades 27.0%. Los provenientes del interior del estado representan el 58.9%, de una cantidad total de 1'218 217 reportados por el INEGI en el año 2000.

De acuerdo con un estudio realizado por El Colegio de la Frontera Norte (Colef de Juárez) en el año 2000, 45 096 son originarios de Estados Unidos. En lo que corresponde a Ciudad Juárez, se estima que actualmente el 4 y el 4.1% (53 mil) de los habitantes son nacidos en Estados Unidos, cuyos padres optaron por algún hospital de ese país para que sus hijos pudieran gozar de la doble nacionalidad. Por ello, Juárez es el municipio de la frontera norte que concentra la mayor cantidad de nacidos en Estados Unidos. Aquí viven 24 152 estadounidenses que van de los 0 a los 17 años, cantidad que representa el 5.5% de la población en este rango de edad (INEGI, 2000).

El interés de los padres juarenses porque sus hijos nazcan en El Paso, radica en que desean mejores condiciones para ellos, que tengan la oportunidad de una mejor educación, de un buen empleo, en fin, darles la posibilidad de "entrar y salir" de ese país cuando ellos quieran, pedir ayuda al gobierno en caso de necesitarla... "son 53 mil, nacieron en EU... pero prefieren vivir aquí" (Minjares, Gabriela. El Diario, 28 de julio de 2008, sección B.)

Este acelerado ritmo de crecimiento de Ciudad Juárez ha sido de los más altos del país en las últimas décadas y se debe a varios factores, entre ellos porque se convierte en muchas ocasiones sólo en "ciudad de paso" –como se mencionó antes–, donde algunos paisanos que llegan con la idea de cruzarse al extranjero y al no lograrlo deciden quedarse a radicar en esta ciudad. Cabe señalar que como puerto de entrada Juárez recibe también a gran cantidad de mexicanos deportados por el gobierno de Estados Unidos. En el año

2008 el Instituto Nacional de Migración nos reporta una cantidad de 59 045 repatriados por esta ciudad fronteriza.[52]

De tal manera que se puede reafirmar como se apuntó en este escrito desde un principio, la vecindad con Estados Unidos le adhiere condiciones especiales a esta localidad.

Como resultado de esta dinámica migratoria Ciudad Juárez ha resentido algunas perturbaciones en su desarrollo social, lo cual ha provocado una serie de problemas sociales que nada más se presentaban en las grandes urbes tales como Guadalajara, México, Monterrey y desde luego en su par fronterizo, Tijuana. Entre estas problemáticas sociales podemos mencionar el incremento de la violencia urbana, delincuencia juvenil aunada al uso y abuso de las drogas, incidencia y prevalencia de los casos de alcoholismo, lo mismo que violencia intrafamiliar, así como aumento de abusos sexuales a mujeres y niños, y en los últimos tiempos el crimen organizado (narcotráfico, secuestro, extorsión) y el doloroso feminicidio.

Aunado a estos recientes acontecimientos negativos, persiste sobre Juárez la percepción de "ciudad del vicio", "ciudad de la perdición". Vila (2007) dice al respecto que para algunos(as) fronterizos(as) la imagen que se tiene en todo el país sobre Juárez es una vieja percepción (imagen) que aún conservan algunos, empero, no tiene vigencia a pesar de que en el pasado se pudo ver con justificación de esa manera. La realidad es que los juarenses, y sobre todo las juarenses, conservan ese estereotipo negativo a pesar de los esfuerzos realizados para evitar este tipo de clasificaciones. Una persona entrevistada nos ilustra:

> Ignacia: …cuando yo me quise traer a mi hija mayor, entonces no le gustó Juárez, por lo que se decía en aquel tiempo de Juárez, que era pura perdición, la prostitución, puro

---

[52] Los últimos reportes del Instituto Nacional de Migración, afirman que en lo que va del año (mayo 2009) las autoridades estadounidenses repatriaron por el estado de Chihuahua a 18 108 mexicanos que se encontraban en ese país en forma indocumentada. Esta acción se dio principalmente por Ciudad Juárez (*Diario*, 17 de mayo de 2009).

> trabajo para las mujeres de cantineras, era muy sonado eso allá en la tierra de nosotras en La Comarca, entonces ella dijo: –no mamá yo no me quiero ir a Juárez, no quiero estudiar ahí, quiero hacerlo en Chihuahua...

Si tomamos en cuenta esta descripción no sorprende, apunta Vila (2004) que muchos juarenses hayan desarrollado una identidad regional tan fuerte en reacción o para contrarrestar los estereotipos negativos. "Es una identidad tan idealizada en el discurso cotidiano, que muchas de las cosas que los juarenses valorizan, no por casualidad están en Juárez, y todas aquellas que desprecian, están en el resto de la República Mexicana-o allende la frontera." (Vila, 2004:51)

Las personas que circulan hacia las fronteras del norte llegan a Ciudad Juárez con la idea inicial de durar en suelo juarense en tanto logren cruzar el puente Internacional para adentrarse hacia el país vecino, por tal motivo no desarrollan un apego hacia la identidad de la ciudad que están habitando temporalmente.

Las localidades fronterizas se han convertido en espacios receptores de personas que vienen casi de todos los puntos de la república mexicana y que tienen intenciones de cruzar al otro lado. Esta situación de tránsito provoca una falta de cohesión social, desarraigo hacia la ciudad que los está acogiendo temporalmente, desconfianza del otro que se traduce en miedo, las cuales son conductas que sumadas arrojan como resultado un caos y violencia urbana. Entonces, si no hay arraigo –manifestación territorial de la identidad– la dificultad para construir la identidad se revela en quien vive de manera errante en un espacio al que no considera definitivo, si no tiene huellas de su historia (López Levi, 2007).

No obstante, las personas migrantes y sus familias traen consigo sus costumbres y su cultura, las cuales son introducidas e integradas a la cotidianidad de los (las) fronterizos(as). Por otro lado, hay que tomar en cuenta que la presencia de la multiculturalidad en este espacio se refleja más aguda justo por la vecindad de las culturas estadounidense latina, o angloamericana y la mexicana, que muestran algunas diferencias culturales que en ciertos rasgos denotan una diversidad, por ejemplo el lenguaje, la historia, los héroes, los símbolos, la literatura, el sistema educativo y las normas. De esta forma, cada vez se aprecian más elementos comunes también provocados por la cercanía geográfica y la interacción constante por los altos niveles de migración. La situación provoca entonces una falta de cohesión social que puede ser un factor detonante de la violencia urbana.

Kymlicka (2002:13) a este respecto dice que

Actualmente el nivel de interdependencia es mucho más grande entre miembros de diferentes grupos. Ya no hay ningún grupo autosuficiente. Todo grupo está integrado a la estructura transnacional política y económica y además sujeta a fuerzas internacionales relacionadas con la economía, el medio ambiente o la seguridad.

La confluencia de los diversos grupos migratorios en realidad penetra el espacio fronterizo provocando una gran diversidad cultural, la cual ha venido a enriquecer a sus habitantes y, por lo tanto, la identidad fronteriza al parecer se refuerza y fortalece.

La idea planteada en los anteriores renglones se consolida con las aportaciones de Lozano Rendón, quien afirma que de acuerdo con los resultados obtenidos de un estudio realizado (ESAF, 87) encontraron que la proximidad geográfica con Estados Unidos no propicia actitudes más favorables hacia ese país ni hacia su sistema económico, dicha cercanía no ha redundado en una pérdida de identidad cultural, al contrario, se encontró que hay una mayor retención de los valores de las tradiciones culturales mexicanas (Lozano Rendón, 1992).

El juarense y su identidad

Para hablar sobre la identidad del(a) fronterizo(a) sin duda que debemos remitirnos a ver los procesos tanto transnacionales como transfronterizos desde una lente globalizada, esta nueva visión económica que ha provocado cambios en la estructura social. Tanto la globalización como la transnacionalidad nos permiten examinar nuevos matices dada la expansión de la frontera hacia otros espacios que hacen posibles las miradas diferentes de la vida de los (las) juarenses.

Algunos investigadores han propuesto el término de "identidades transnacionales" en esta época donde los movimientos migratorios adquieren cada vez mayor relevancia. Massey y Sánchez (2007) nos narran el contraste que existe entre la identidad latina y la americana (angloamericana), a partir de la visión de los propios inmigrantes en un intento de acercamiento al mundo cotidiano de éstos.

Con el objetivo de encontrar cómo se construyen y reconstruyen las "identidades transnacionales", recurrieron a un método cualitativo a través de un estudio de las fotografías tomadas por los participantes –jóvenes inmigrantes de primera y segunda generación–, y se obtuvieron los siguientes resultados: en las imágenes captadas por los latinos encontraron que éstos prestan mayor atención a las personas, en cambio, en las tomadas por los americanos dirigen su atención a lugares y objetos.

Se detectó también a la comida regional como una preferencia destacada y que el trabajo es la principal atracción. El hogar y la familia tienen para los participantes latinos un lugar especial, así como la solidaridad y la pertenencia a los grupos donde se propicie una interacción cara a cara.

Por otro lado, los entrevistados dicen poseer identidad latinoamericana, esto último sólo viene a resaltar el carácter paradójico y complejo del proceso de formación de la identidad a nivel transnacional (Massey y Sánchez, 2007:393-415). Ahora veamos qué es lo que sucede con la construcción de la identidad del(a) fronterizo(a). Primero, la gran heterogeneidad de mexicanos que habitan este país. Las regiones donde se identifica a sus habitantes como sureños, defeños, norteños, divididas y clasificadas según la posición que ocupen dentro del país mexicano. De manera menos amplia se diferencian por estado donde se denomina a sus ciudadanos como zacatecanos, poblanos, sonorenses, etcétera.

Dentro de las ciudades, aún del mismo estado, se les atribuyen características propias de la localidad de donde provengan, por ejemplo en el estado de Chihuahua se identifican a los juarenses, delicienses, chihuahuenses, parralenses… y cada uno de ellos con características particulares.

En realidad, para encontrar algún acercamiento o explicación sobre la identidad fronteriza habrá que tomar en cuenta que el horizonte se amplía –migración interna–, ya que sus habitantes llegan de diferentes regiones del país. Así vemos a los coahuilenses, en concreto de la ciudad de Torreón, fincar sus viviendas en las zonas populares de esta localidad, también a los de Zacatecas, de Durango. En la actualidad los veracruzanos son los que arriban con mayor frecuencia, así como gente del mismo estado de Chihuahua. Esta evidente heterogeneidad de la frontera conlleva a que los procesos culturales se comporten de la misma manera.

Valenzuela comenta que las culturas de frontera articulan diferentes niveles de interacción entre lo regional y lo nacional, así como entre los diversos grupos y campos culturales que conforman la región, además de procesos de integración, recreación y resistencia cultural derivados de la interacción fronteriza con el otro lado. Y agrega:

los distintos ámbitos fronterizos permiten identificar formas culturales diversas que ocurren en la frontera y diferenciar culturas regionales que, teniendo marcadas diferencias con la estadounidense, también se distinguen de las culturas del centro o sur del país, y nos ayudan a identificar otras formas culturales de la frontera (Valenzuela, 2003:61).

Cierto que los juarenses se diferencian de los habitantes del sur y del centro del país. También hallan discrepancias entre los mexicoamericanos a quienes consideran que viven en desventaja respecto a las situaciones de estigma y discriminación por parte de los angloamericanos. Tampoco ven gran semejanza con los norteamericanos que viven al lado de la frontera, a quienes piensan sujetos de crítica por su cultura consumista y la actitud de relajación hacia la vida familiar.

En general muestran cierto orgullo al portar una forma de ser y de vivir juarense, que si bien aceptan que el estilo de vida norteamericana puede resultar atractivo, valoran con mayor profundidad el modo de vida mexicana. Aunque es importante mencionar que existen otros juarenses que sí manifiestan gran deseo y admiración por la manera de vida anglosajona, de ahí surge la expresión tan famosa en las últimas décadas: "Chihuahua debe anexarse a Estado Unidos." Frase en apariencia acuñada en la capital del estado.

Estereotipos[53]

Como en todas las regiones del país, a sus pobladores se les identifica con ciertos adjetivos positivos y negativos, al juarense se le atribuyen algunas cualidades y defectos. Tanto la frontera como los fronterizos han sido estereotipados a partir de los procesos migratorios y de las condiciones vinculadas al narcotráfico.[54]

Con relación a las fortalezas y/o cualidades del juarense se ha exagerado aplicándole atributos que lo califican de abierto, luchista-trabajador, honesto, de gran corazón. Se le asignan "bondades físicas" como el color de piel más blanca que la piel de los habitantes del sur y del centro del país, de estatura más alta.

Es importante recordar, el poderoso discurso regional que sostiene que el norte de México casi no fue afectado por el "mestizaje" del centro y del sur del país. Así para muchos norteños, el norte sería blanco, mientras que el centro y sur de México sería "indígena" o, al menos mestizo (Vila, 2004:52).

Una historia "blanqueada" acerca de los orígenes, la cual es muy recurrida por los chihuahuenses y por los fronterizos para distinguirse del resto de los mexicanos. Los juarenses en general

---

[53] Según la tesis fundamental que defiende Lippman, los estereotipos son las imágenes que se hallan dentro de las cabezas (…) de los seres humanos, las imágenes de sí mismos, de los demás, de sus necesidades, propósitos y relaciones con sus opiniones públicas. En otras palabras, consiste en un mecanismo mental mediante el cual se asigna a cada una de las realidades que percibimos en nuestro entorno una referencia, una imagen mental. Dichas referencias facilitan la interacción diaria con el entorno, pero también pueden convertirse en fuente de confusión y de discriminación cuando pierden representatividad. El estereotipo no sólo ahorra tiempo en nuestra vida atareada y defiende nuestra posición dentro de la sociedad, sino que tiende a resguardarnos de los desconcertantes efectos de querer ver al mundo estable y en su totalidad (Lippman, 1922).

[54] Justo hoy en día aparecen en los diarios locales, muertes provocadas por las vendetas entre narcotraficantes. Algo de lo que los juarenses no están acostumbrados a presenciar, muertes violentas en las calles más concurridas y a cualquier hora del día.

viven dos situaciones simultáneas sin ser excluyentes, pero que provocan sentimientos ambivalentes, donde éstos se sienten atraídos por la cultura estadounidense y a la vez por sus raíces, debido a los movimientos migratorios internos donde la ciudad detenta una enorme cantidad de habitantes de entidades del sur y centro del país, tales como Veracruz y Oaxaca que han ayudado al fronterizo a fortalecer sus raíces. En este contexto la/el juarense tienen una imagen equivocada e injusta ante sus paisanos. Esta situación ambivalente en que cae el fronterizo genera dos discursos contradictorios entre sí. "Existe un típico debate intelectual que sostiene que en la frontera hay *más mexicanidad* (Bustamante, 1988; Lozano Rendón, 1990, entre otros) o *menos mexicanidad* (Monsiváis, 1978, 1981; Rodríguez Sala, 1985), que en el resto de México" (Vila, 2007:368). Actualmente esta discusión permanece en la mesa de debates. Veamos lo que dice García:

> ...en la imagen de muchos mexicanos, en el interior del país la población fronteriza ha caído demasiado bajo la influencia estadounidense, y la palabra *"pocho"* es un término despectivo para describir el *"blanqueo"* de esta población. En respuesta a estas afirmaciones surge el discurso *contratranscultural*, que concibe a los fronterizos a través de su cotidiano contraste con la otredad cultural, reafirman constantemente los valores heredados, adquiriendo un sentido más profundo de mexicanidad que las personas que viven en el centro. Estas dos visiones también han sido cuestionadas debido a la dependencia de las fronteras hacia las metrópolis centrales, las cuales debían de medir en qué grado de mexicanidad se pudiesen encontrar los fronterizos (García, 1993:152).

Con relación a las características negativas que se le señalan la posición ha sido muy similar, mucho tienen de animadversión, de prejuicio. Valenzuela (1998) advierte que en los ámbitos fronterizos y transfronterizos es común que los habitantes de esta región hayan sido objeto de estereotipos y de la incomprensión de algunos habitantes del Distrito Federal y del sur del país, adjudicándoles particularidades de apocamiento, desnacionalización, pérdida de identidad nacional y cultural, "aguangamiento".

Al juarense se le acusó de desarraigo a su patria y de entreguista, lo mismo que al mexicano que migraba hacia Estados Unidos. Se extiende hasta el fronterizo el calificativo despectivo de "pocho".

...El pocho[55] se convirtió en la imagen estigmatizada de una población que supuestamente había perdido su identidad nacional, que se había contaminado en los Estados Unidos, que se había agringado, que había traicionado a los suyos, que había sucumbido ante los causales de *la mutilación, la pérdida y la herida abierta.*[56] Esta perspectiva no sólo se aplicó a los mexicanos y chicanos en los Estados Unidos. El apocamiento también alcanzó a los residentes de la frontera norte, cuya colindancia con el otro lado, las intensas interacciones cotidianas que ahí ocurrían los convertían en potenciales "entreguistas" (Valenzuela Arce, 2003:39).

La población fronteriza por su localización geográfica ha forzado a sus habitantes a observar formas culturales especiales y diferentes de las demás regiones del país. Vive a la vez situaciones diversas, por una parte la cercanía con el coloso del norte que ofrece grandes atractivos económicos en sueldos y artículos de consumo, y por otra se encuentra en el ámbito donde el nacionalismo y la identidad nacional se ponen a prueba de manera más directa, pues para los fronterizos la demarcación es parte de su vida cotidiana, están aquí y con una facilidad de atravesar sólo un puente ya pueden estar allá.

---

[55] Regionalismo sonorense proveniente de la lengua ópata, que significa "corto" o "rabón" y cuyo derivado *potzico*, significa "cortar la hierba", "arrancarla con todo y sus raíces". (Valenzuela, 2003:39)
[56] Estos conceptos devienen desde 1848, junto con la pérdida de la mitad del territorio comienzan a propagarse imágenes que aluden a la ruptura, la mutilación territorial, la herida abierta o la fractura. (Valenzuela, 2003:33)

160

Podemos afirmar que en la frontera la identidad está en constante negociación debido a su dinámica especial. Vila (2004:13) agrega que en "la construcción identitaria en la frontera, el sujeto está inserto en un complejo entrecruzamiento de posiciones".

IV. La transmigración: idioma, costumbres, religión y las repercusiones en la identidad de la familia juarense

En este capítulo analizo el tema sobre la transmigración como fenómeno propio de las fronteras, en especial la juarense, y sus repercusiones en la familia de esta localidad. Este planteamiento es nodal y a la vez concluyente, expongo aquí las reflexiones sobre aspectos abordados en los anteriores tres capítulos de este documento, tales como las características de las personas que transmigran y la influencia que sobre estos actores sociales deviene de las costumbres y de la religión que profesan. Advierto además de qué manera logran posesionarse del idioma inglés, así como los términos de dicho lenguaje que acostumbran usar en sus relaciones cotidianas y familiares.

La transmigración es un fenómeno propio del espacio fronterizo que tiene que ver con la vida cotidiana de sus habitantes. Los transmigrantes se desplazan entre ambos lados de la línea internacional en movimientos diarios, semanales o de mayor temporalidad.

Paty: Ya tenemos diez años pasando, quincenal y a veces cada mes, según se pongan en la migración, por eso le digo que es una batalla que hemos emprendido. Tengo que dejar mi casa en Juárez al cuidado de los vecinos y de mi mamá que le da vueltas, porque yo siempre estoy con el pendiente de que la casa está sola.

Juanita: Antes solamente pasaba los fines de semana, ahora que mi hija está allá paso todos los días, aunque me quedo cuando es necesario en la casa de ella… no como antes, que a como diera lugar me tenía que regresar a mi juaritos.

Las diferencias estructurales y la contigüidad de ambos países son razones que propician o facilitan este proceso de movilidad humana. Existen diferentes formas de transmigración: el cruce diario norte-sur y sur-norte de personas en busca de productos, servicios, oportunidades de desarrollo, de estudio, personal y de relaciones afectivas que se llevan a cabo de forma constante. Otro modo es donde los trabajadores viven de un lado de la frontera y trabajan en el "otro lado". Este tipo de transmigración prevalece más en el cruce de Ciudad Juárez hacia El Paso y lugares circunvecinos.

Conmutantes, también llamados transmigrantes, son aquellos que residen en el lado mexicano y dependen de un empleo del lado estadounidense. Algunos son "tarjetas verdes", otros se cruzan sólo con visa de turista y no pocos sin ningún documento.

Movilidad transfronteriza

La transmigración de Juárez hacia El Paso ha sufrido modificaciones conforme el paso del tiempo. Sobre la presencia de los transmigrantes (*commuters*) y su impacto en el mercado laboral en El Paso, aunque difícil de establecer claramente, existe el siguiente dato:

Un estudio de 1968 sobre una muestra de 20 empresas en el sector de la ropa en El Paso concluyó que el 40% del sector de los trabajadores (12 000 en aquel momento) eran transmigrantes. En 1973 el gobierno mexicano estimaba a 13 000 *commuters* en el área de El Paso-Juárez (Simeox, 1993).

Datos más actuales los podemos ver en las siguientes gráficas que corresponden al cuarto trimestre del 2002, aplicados a personas de 12 años y más.

Gráfica 12

Gráfica 1
Residentes en Ciudad Juárez que trabajan en Estados Unidos según sexo, 2002

35%

65%

☐ Hombres
☐ Mujeres

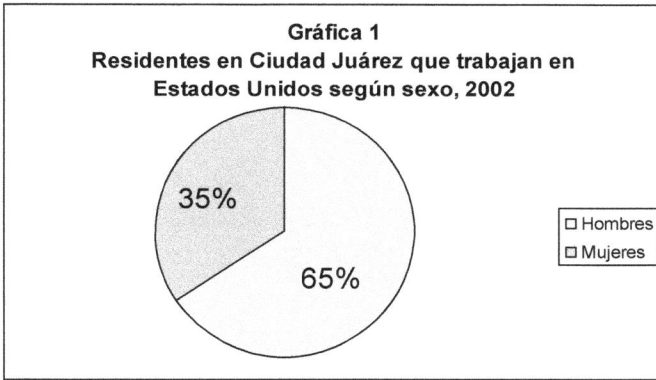

Fuente: Encuesta Nacional del Empleo Urbano (ENEU).

En esta gráfica se muestra que a pesar del incremento del sector femenino que migra, aún predomina la presencia de los varones.

164

Gráfica 13

Residentes en Ciudad Juárez que trabajan en Estados Unidos según escolaridad, 2002 (en porcentaje)

Escolaridad	Porcentaje
Otros	18
Licenciatura	4
Preparatoria	13
Secundaria	36
Primaria	28

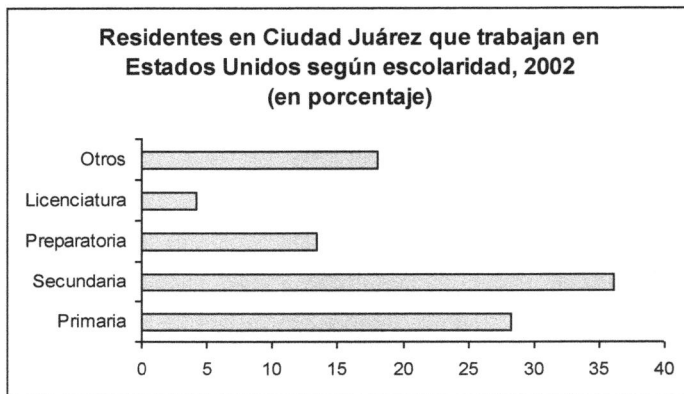

Fuente: Encuesta Nacional de Empleo Urbano (ENEU) 2002.

Gráfica 14

Personas residentes en Ciudad Juárez que trabajan en Estados Unidos por grupos de edad, 2002 (en porcentaje)

Grupo de edad	Porcentaje
17-19	3.6
20-24	12.2
25-29	11.4
30-34	17.7
35-39	17.1
40-44	11.4
45-49	11.6
50-54	6.3
55-59	2.6
60-64	2.6
65 y más	3.6

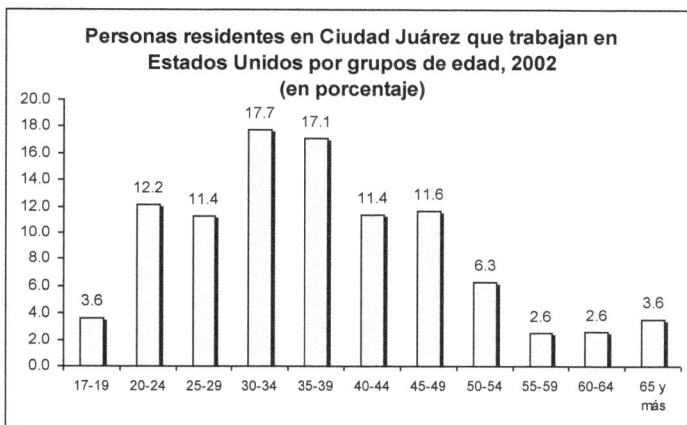

Fuente: Encuesta Nacional de Empleo Urbano (ENEU).

Tanto el perfil sobre la escolaridad y la edad han mostrado una variación, registrándose cada vez mayor escolaridad, también las personas que transmigran lo hacen a menor edad.

Gráfica 15

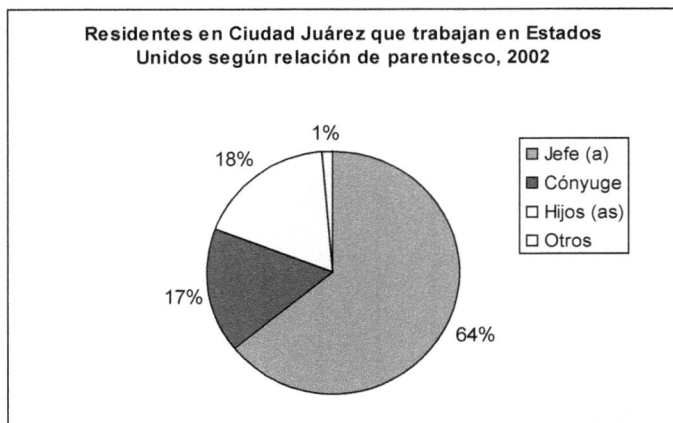

Residentes en Ciudad Juárez que trabajan en Estados
Unidos según relación de parentesco, 2002

- Jefe (a)
- Cónyuge
- Hijos (as)
- Otros

1%
18%
17%
64%

Fuente: Encuesta Nacional de Empleo Urbano (ENEU).

El transmigrante es por lo general el/la jefe(a) de familia, aunque se da una movilización bastante importante debido a la reunificación familiar, así un 17% de la transmigración se debe al cruce de mujeres con su esposo y un 18% al cruce de los y las hijos(as), situación que refleja una mayor participación femenina y en consecuencia de la familia.

Según Rubio Salas, en los últimos años Ciudad Juárez ha mantenido un porcentaje de alrededor del 4% del total de la fuerza laboral que vive en la ciudad pero que trabaja en Estados Unidos; lo interesante es que concentran entre el 12 y el 15% de los salarios totales que recibe la población activa que proviene de ese segmento de trabajadores (INEGI, 2000).

Esta fuerza laboral está constituida, básicamente, por personas nacidas en Estados Unidos, con esa nacionalidad y por quienes cuentan con permisos de trabajo y de residencia otorgados por ese país, pero que son habitantes de las ciudades de la frontera. De acuerdo con datos de la Encuesta Nacional de Empleo Urbano, el porcentaje de la Población Económicamente Activa de Ciudad Juárez que trabaja en Estados Unidos se ha reducido poco a poco en los últimos años, pasando de 4.8 a 2.9% entre 1990 y 2002. Asimismo, el porcentaje de participación entre los hombres también fue más alto que el de las mujeres, pues para el periodo mencionado, entre los primeros se pasó de 5.2 a 3.1%, para las segundas el cambio fue de 3.8 a 2.7% (Cruz, 2005).

Es necesario hacer mención que en estas estadísticas no se encuentran contempladas las personas que cruzan de Juárez hacia El Paso, sin permiso para laborar (indocumentados), ya que por las circunstancias en que lo hacen resulta complicado obtener los datos.

En seguida analizo la participación de la familia en la toma de decisiones para el traslado de sus miembros hacia el país vecino. La condición transfronteriza y/o transmigrante no es producto de una decisión grupal de la familia y tampoco es compartida por todos los miembros. Ésta puede darse por un solo individuo que dependiendo de su posición y roles al interior de la unidad familiar puede repercutir con mayor impacto sobre la organización y reproducción de ésta, sobre todo cuando se trata de los miembros de la pareja conyugal por ser quienes definen el curso de la vida familiar. También la posición de los hijos va a jugar un papel de movilidad de la dinámica familiar cuando éstos transmigran, incluso cuando miembros de la familia extendida deciden hacerlo, lo que repercute con menor intensidad dentro del núcleo familiar.

De cualquier modo es de llamar la atención cómo es que las relaciones familiares en la actualidad son una de las causas de gran peso para que los juarenses crucen el puente hacia El Paso y de igual manera ocurre de El Paso hacia Juárez, y la especificidad será lo que Ojeda llama familias transfronterizas: "La combinación de la migración internacional México-Estados Unidos y la transmigración regional impacta varios aspectos de la dinámica sociodemográfica entre los que destaca la familia, presentándose así familias transfronterizas en las ciudades del límite de ambos países." (Ojeda, 1994:12)

Quienes como transmigrantes se ven obligados a cruzar regularmente la frontera han sido afectados por las medidas de seguridad impuestas por Estados Unidos. El fortalecimiento de estas acciones antiinmigrantes ha provocado la formación de largas e interminables filas en los puentes internacionales, además la expresión de sentimientos de miedo cuando habrán de pasar revisión exhaustiva y someterse a severos interrogantes por los agentes de migración; aquéllos que cruzan a diario y los que no lo hacen con frecuencia expresan su molestia, esa situación la vivencian los(as) fronterizos(as).

> Ricardo: No se crea, está difícil, nosotros tenemos que levantar a los muchachos (se refiere a sus hijos) a las cuatro de la mañana, pobrecitos, en cuanto se suben al carro se vuelven a dormir hasta que llegamos a la escuela, las filas para cruzar muchas veces son de hasta dos horas, por eso preferimos desmañanarnos porque es una lata con tanta revisión, pura pérdida de tiempo.

> Rosa: Mi Espi (se refiere a su nieta) y yo nos levantamos a las cuatro, para prepararnos e ir enfilando camino como a las cinco, porque está duro con la pasada con esas colas de hasta dos horas; si se va uno ya tarde, es una penitencia. Ya estando allá nos dormimos en el carro ahí en el estacionamiento de la escuela de mi Espi o en el de la fábrica hasta que llegue la hora de entrada.

> Juanita: Yo paso con la visa láser y no he tenido problema, lo que me molesta son las colas ahí sí me desespero… pero ni modo, esto se puso más duro a partir de que les tumbaron las torres en Nueva York.

La oferta laboral es alta sobre todo en aquellos trabajos que no son atractivos para los nativos o residentes de ese país, por las dificultades que implica estar con el cuerpo doblado bajo el inclemente sol por más de ocho horas diarias, como lo hacen quienes trabajan en la pizca, en el campo. Aquellos mexicanos que laboran en la construcción también son muy solicitados por los angloamericanos. Veamos el siguiente caso:[57]

Delia: ¿Usted, hasta qué año fue a la escuela Jorge?

Jorge: Híjole, qué vergüenza, no se crea, no, no me avergüenzo, verdad, porque yo nomás llegué hasta tercer grado de primaria, pero no aprendí nada, porque era muy burro… yo lo que sé, lo sé porque cuando llegué yo aquí empecé a hacer números, a escribir, a mí me dicen: para no tener escuela eres un ingeniero, nomás te falta el papel pero eres un ingeniero porque sabes de todo, conoces de todo, gracias a Dios que…

Lupita: (Esposa de Jorge) Gracias a Dios que éste (señala a su esposo)… hemos tenido gente tan hermosa a nuestro lado, muchas personas que a él lo han empujado y lo han hecho realizar, sus… hasta sus herramientas, que él antes decía, si yo tuviera esa herramienta, yo podría hacer eso, pero no la tengo y hoy en día hasta eso se le está realizando, su sueño de tener la herramienta que él quería.

Jorge: Sí, hay veces que vamos con mi patrón el güero de allá y… que vamos así por ahí… y me dice: ¡mira Jorge!, todos los trabajos que andan haciendo (refiriéndose a una construcción), ese trabajo tú lo puedes hacer solo, y a él se le hace increíble que un trabajito que lo puedo hacer yo, una persona sola, anden tres, cuatro o cinco personas haciéndolo.

---

[57] Esta entrevista se le hizo a un matrimonio transmigrante.

Lupita: Así son los americanos, meten una cuadrilla para hacer un trabajo que Jorge puede hacer él solo, ése es el éxito de Jorge, él solo se lanza.

En cuanto a las mujeres, ellas son las encargadas de la limpieza de las casas y el cuidado de niños (as) y ancianos (as). Tanto hombres como mujeres son empleados para la limpieza de las oficinas o establecimientos comerciales. Así sobresalen los transmigrantes en las cocinas de los restaurantes, ramo conocido que no les solicitan papeles para trabajar y por eso se infiltran los juarenses con o sin visa, y son esa clase de trabajadores los sujetos de estudio en esta investigación. En realidad existe una nueva estructura ocupacional que se polariza. Por un lado hay un incremento de puestos ejecutivos, profesionales y técnicos y como consecuencia crece la demanda de mano de obra no calificada. Los servicios requeridos por dichos profesionales son personal de limpieza, de mantenimiento, cuidado de personas dependientes (niños/as, ancianos/as) y servicios personales.[58]

Existe infinidad de circunstancias que propician el traspaso de las barreras fronterizas, como se menciona en el párrafo anterior, es notoria la diversidad de personas que transitan por los puentes internacionales hacia la ciudad vecina. En el caso de la transmigración juarense, ésta se encuentra conformada por personas con permiso para trabajar, o bien sin permiso para hacerlo. Alegría (1990) refiere cuatro tipos de personas transmigrantes.

Los transmigrantes con permiso para trabajar en la ciudad de El Paso son:

[58] Servicios inferiores y menos cualificados, destinados a mejorar la calidad de vida de otras personas que tienen un alto nivel adquisitivo, éstas pueden ser cualificadas (diseñadores de interiores, veterinarios, psicoanalistas, etcétera) o no cualificados (servicios y cuidado de personas dependientes. (Canales, 2005).

1) Los ciudadanos norteamericanos que viven en Ciudad de Juárez, en su mayoría de ascendencia mexicana.

2) Los mexicanos cuya situación migratoria es especial porque son considerados migrantes a Estados Unidos, pero tienen derecho a residir en el lado mexicano (comúnmente conocidos como residentes o tarjetas verdes)

Los transmigrantes sin permiso para trabajar en El Paso:

3) Con pasaporte local, permiso de ingreso sin derecho a trabajar (exclusivo para residentes fronterizos).

4) Sin permiso de ningún tipo para ingresar al país norteamericano, llamados comúnmente "ilegales o indocumentados".

La transmigración como uno de los más importantes procesos transfronterizos tiene algunas particularidades y vale la pena mencionarlas para diferenciarla de la migración internacional. Los movimientos son relativamente cortos, las distancias en realidad no son muy largas, incluyendo los condados vecinos los cuales también son frecuentados por los trabajadores juarenses, y son más[59] los traslados de un lugar a otro (incluso pueden pasar diario pese a las largas horas que habrá que esperar en las filas de cruce). Además conocen mejor las condiciones del lugar al que van, esto proporciona mayor seguridad entre ellos(as). Existen menores riesgos a la hora del traslado (desierto, engaños y violencia de los enganchadores, etcétera). Por otro lado, los gastos de traslado son mínimos, ya que quienes pasan con pasaporte –actualmente visa– por lo general lo hacen en su vehículo particular, los medios de traslado (camiones) son de fácil acceso y también hay grandes líneas de personas para cruzar el puente caminando.

---

[59] Por diversas razones la frecuencia de viajes al trabajo varía de una hasta siete veces por semana. Existen aquellos(as) que lo hacen cada quincena o mensualmente, que son los menos.

Otra característica que comparten algunos entrevistados es la de dormir y vivir en la ciudad de origen, en su casa, lo que para ellos es muy importante y por ello exteriorizan su sentir.

Delia: ¿Por qué no vivir en El Paso?

Raúl: Yo renté un apartamento allá, pero no me agradó la vida allá, todo es muy frío, nada es igual que aquí, a mí me gusta vivir aquí, aunque como ciudadano americano que soy, puedo vivir donde quiera, prefiero vivir aquí, aún batallando con la poli... dormir en mi tierra...

Delia: ¿Por qué ir y venir pudiendo quedarse allá?

Nachita: ...Yo iba y venía a diario, toda la vida, nunca me gustó quedarme allá. No me puedo hacer a la idea, en cuanto he podido me vengo a mi México, aquí hasta se respira libertad.

Rosa: ...No me gusta estar allá, mire cuando vengo a Juárez, en cuanto paso yo me quito el cinturón (suelta el aire ruidosamente con una expresión de descanso al momento en que con sus manos aparenta quitarse el cinturón), respiro con aquel gusto y digo: ya estoy en mi "juaritos" querido. Cuando tengo que irme siempre voy así (hace un movimiento dejando caer los hombros y cambia la expresión de su rostro a un rictus de tristeza)...

Comúnmente las ocupaciones de los (las) entrevistados(as) corresponden en su mayoría a las de más bajos salarios del lado norteamericano, es decir, donde no les exigen capacitación previa ni una educación muy elevada. Por otro lado, los (las) transmigrantes que pasan sin documentos, sus actividades son en lugares donde no sean vistos con facilidad por las patrullas fronterizas, sus labores son menos calificadas y más duras.

Delia: Platiquen de sus trabajos en El Paso.

Maribel: Mire, yo tengo cuatro señoras, yo trabajo para ellas. Tres son ciudadanas ya nacidas allá, pero de padres mexicanos, y una norteamericana, ella es muy suave... no se meten con uno. Las mexicoamericanas son más estrictas en la limpieza de la casa.

Fernando: Yo trabajo en un restaurante ayudando a los meseros, a los cocineros, si llega la verdura descargarla, en la *dish washer* (lavadora de trastes), de cocinero, atendiendo a las personas, etcétera.

Lina: Yo también trabajo limpiando casas, una por cada día de la semana, mientras mis hijos van a la escuela.

Javier: Yo solamente arreglando yardas y de vez en cuando en la construcción.

Rosa: Empecé a los 11 años, me pasaba con pasaporte local. Cuidaba niños, después limpiando casas y cuidando viejitos enfermitos. Cuando arreglé me metí a una fábrica de pantalones, subí de categoría (dice sonriendo).

En la actualidad el fenómeno de movilidad nacional mexicana ha mostrado cambios en el perfil migratorio, además de relevancia y complejidad. Acerca de las tendencias recientes, Vega Briones (2004:133-135) precisa algunos factores de transformación. Conforme el caminar histórico de los movimientos migratorios, los migrantes a principios del siglo XX procuraban como destino las zonas agrícolas, pero hoy en día se han trasladado también y en una gran proporción hacia centros urbanos en Estados Unidos. Algunos de ellos son de origen urbano. Por otro lado, la Ley Simpson-Rodino[60] de 1986 provocó que muchos inmigrantes mexicanos lograran regularizar y legalizar su situación en el vecino país y permanecieran ahí de manera indefinida. También facilitó los viajes de ida y regreso a México para los migrantes que trabajaban temporalmente y que lograron obtener su visa.

Con relación al grupo familiar, el proceso migratorio ya implica a toda la familia tanto nuclear como extensa. Esto se debe a que las redes migratorias suelen partir de las relaciones de parentesco, muchas veces los migrantes establecidos suelen atraer hacia los lugares de destino a sus parientes cercanos y más adelante a sus paisanos. Además, las redes juegan un papel muy importante ya que posibilitan el éxodo de mujeres, jóvenes y adultos de pequeñas localidades y no sólo de grandes urbes, disminuyen los costos y los imponderables peligros de la migración (Vega Briones, 2004:133-135).

A los cambios mencionados por Vega hay que agregar la escolaridad, ya que los migrantes en épocas pasadas sólo (algunos) tenían la escolaridad primaria, pero en la actualidad los migrantes y transmigrantes detentan un nivel más alto de estudios.

Un aspecto de gran interés lo constituyen los derechos humanos del migrante y su familia por la posición tan vulnerable en que se encuentran en el vecino país, ya sea por el sometimiento de los agentes de migración o por los norteamericanos con visiones xenofóbicas y, lo más triste, abusados en ocasiones por los mismos mexicoamericanos. En la actualidad la preocupación sobre los

---

[60] El gobierno de Estados Unidos aprobó la Ley de Reforma y Control de la Inmigración (IRCA por sus siglas en inglés) mejor conocida en México como la Ley Simpson-Rodino, nombre debido a sus principales impulsores el senador Alan Simpson y el congresista Peter Rodino. Sus tres elementos principales: 1) una amnistía para los trabajadores indocumentados, 2) sanciones contra los patrones que a sabiendas emplearan a trabajadores indocumentados y 3) el reforzamiento del patrullaje de las fronteras de Estados Unidos (Alarcón y Mines, 2002:54).

derechos humanos de los migrantes y transmigrantes mexicanos radica tanto por los gobiernos emisores y receptores, pero más se denota en algunos(as) investigadores(as) y en los mismos migrantes, transmigrantes y sus familias. Dos de los(as) entrevistados(as) comparten su experiencia:

> Paty: Aquí en los Estados Unidos hay mucho racismo por parte de los gringos, también de algunos mexicanos, los que ya tienen los papeles y muestran desprecio por los indocumentados ¡No venimos a quitarle nada a nadie, ni robar nada, aunque nos digan ilegales, solamente queremos trabajar!

> Griselda: A mis hijos algunas veces les han hecho ver su suerte, pero a los que vienen del sur les va "pior", es que algunos no saben ni leer, los texanos son muy feos. Mis hijos siempre venían quejándose, que los habían tratado mal unos gabachos, que hasta los pochos los querían humillar, por eso ya mejor nos adentraremos más.

Por otro lado, los ciudadanos(as) mexicanos(as) y sus familias han tenido que sobrellevar sucesivas crisis económicas, en ocasiones provocadas o ampliadas por desatinos de los conductores de la administración pública. Los problemas socioeconómicos ocasionados al interior de las familias por la reestructuración económica y la introducción de políticas neoliberales, han llevado además a un deterioro de los ingresos y a una reducción drástica de puestos de trabajo en el campo y en las ciudades, condición que propicia el éxodo de mexicanos hacia Estados Unidos en busca de una mejoría económica. Veamos lo que comenta una de las entrevistadas.

> Juanita: Nuestro gobierno tiene la culpa, por eso nos vamos a trabajar allá, pues aquí no hay donde… aquí es muy dura la vida… aunque yo quiero mucho a mi país, a mi

juaritos, pues tengo que irme, la corrupción que siempre ha habido en nuestros gobernantes nos tiene así de jodidos. Ya ve... el Fox, ya tiene una isla ¿ya lo sabía?, y los hijos de la Martha ¿qué tal? ¿No es desesperante? Pobre México, con esas gentes gobernando no vamos a llegar a nada.

La realidad es que no toda la población fronteriza tiene posibilidades de cruzar la frontera y además el dominio de dos lenguas (inglés y español) es un obstáculo para la formación de un conocimiento compartido. Sobre las prácticas de la interacción de los actores, lo descrito trae como resultado que la eficiencia de éstas sea mínima, ya que los intercambios transfronterizos pueden tener interpretaciones diferentes para los residentes de cada localidad. Dicha interpretación dual es posible porque en ese intercambio no se pone en juego la legitimidad de la posición relativa local de los agentes y sus roles en cada sociedad, sino la ganancia económica. La posibilidad de no negociar significados durante las interacciones transfronterizas hace posible el mantenimiento de estructuras sociales en ambos lados de la frontera, una junto a la otra (Alegría, 2000).

Esta confluencia de movimientos impacta de forma directa o indirecta la economía, la dinámica social, la cultura. Es evidente que este proceso se desarrolla en países con economías notoriamente desiguales. Empero, la diferencia cultural no es tan disímil tomando en cuenta que el "70% de la población de El Paso es de origen mexicano" (Vila, 2004:98) en primera, segunda o tercera generación,[61] por la cual se viven o experimentan condiciones particulares.

Cambios culturales de las familias transmigrantes

---

[61] La primera generación se refiere a los inmigrantes que habiendo nacido en el extranjero, emigran a Estados Unidos. La segunda y subsecuentes generaciones se refieren a los descendientes de esos inmigrantes, ya nacidos en Estados Unidos. (González Gutiérrez, 1999).

Ruiz (1992) advierte que lo transfronterizo es resultado de un devenir histórico[62] donde prevalecen las prácticas que se aprenden de manera consciente o inconsciente a lo largo de la vida. Estas experiencias o prácticas pueden ser cotidianas o eventuales y en cualquier caso recurrentes, lo cual provoca una familiaridad con la cultura fronteriza.

Este proceso de aprendizaje a través de la práctica se propone como una explicación de lo transfronterizo, porque detalla cómo es que mucha gente con una tradición de transmigrante lo ve con gran naturalidad.

La identidad de los transmigrantes se establece a la vez como identidad mexicana, norteña, fronteriza, juarense y finalmente transfronteriza. La influencia de la cultura anglo y de las costumbres estadounidenses no se manifiesta nada más en los transmigrantes sino en la mayoría de los juarenses y, en menor medida, en la gran parte de la población mexicana. Por otro lado, los cambios en las tradiciones y en el idioma no significan una pérdida cultural, al contrario, lo que sorprende al estudiar a las familias juarenses es la fuerza y permanencia de ciertas costumbres. Como dice Toussaint, "los que emigran llevan consigo su cultura, de la cual una parte sustantiva la constituye la lengua, también portan con ellos tradiciones, costumbres y arraigo a la nacionalidad…" (Toussaint, 2006:71).

Tanto los transmigrantes como los migrantes en general son parte de una misma comunidad. En El Paso o en otros condados fronterizos del lado americano buscan a sus connacionales o a otros habitantes latinos e interactúan con mayor frecuencia en español. Ello permite que conserven y mantengan su identidad nacional e incluso su identidad local. En una plática con una amiga nativa de

---

[62] El proceso transfronterizo ha existido desde que la actual frontera fue delineada en el siglo XIX. Hasta mediados de la década de los años veinte, los mexicanos residentes en las localidades de las fronteras podían cruzar libremente la frontera hacia sus trabajos. Las crisis económicas y las presiones sociales condujeron al gobierno norteamericano a cambiar su política inmigrante, al iniciar la exigencia de visa de inmigración para los mexicanos o cualquier extranjero que tuviera empleo en su territorio (Alegría, 1990:8).

Ciudad Juárez, actualmente habitante de Telluride, Colorado, ésta comentaba lo siguiente: "Cada vez que veo a alguien de 'juaritos' o identifico placas fronterizas, me palpita más rápido el corazón y los persigo y les pregunto si son juarenses, paisanos, después me dan ganas de llorar." No obstante sus añoranzas, esta persona lucha por conseguir sus papeles y no desea volver a su terruño, muestra actitudes ambivalentes declaradas en este tipo de expresiones, en su convivencia actual con las dos culturas.

A este respecto, Ariza (2002) refiere que la ambivalencia implícita en el contexto dual es uno de los problemas que presentan las familias que emigran dejando su país de origen. Y la socialización en un entorno cultural dual crea tensiones entre los marcos de referencia valóricos. En el intercambio producido por la relación entre dos culturas se crea una nueva y ésta comienza por mudar de sitio sin que la desterritorialización la afecte en esencia.

Con el tiempo y el paso de las generaciones, la mezcla fructifica en una opción distinta en la que persisten los rasgos de origen, en este caso lo mexicano, pero modificados por la presencia de elementos de la cultura anglosajona. La hibridación se hace patente ante la amalgama de las dos culturas en las familias migrantes. Una evidencia se da en el uso de ambos idiomas, pues en las familias transmigrantes no es tan pronunciada esta combinación de lenguajes pero se revela la utilización de anglicismos y/o americanismos.

Influencia del inglés en las familias transmigrantes

El idioma inglés no se extiende en exclusiva en los países donde es la lengua oficial y no son sólo los migrantes los impulsados a usarlo. Al parecer su dominio ha logrado llegar (al igual que la globalización) a los confines del mundo. Ianni (2004) escribe que la globalización ha llevado a la formación de lenguajes globales. En efecto, ya que las redes informáticas y las tecnológicas de la comunicación tienen un alcance mundial, los dueños del poder disponen de una capacidad excepcional de formar e informar, inducir o seducir a las grandes masas, como el lenguaje que predomina en las nuevas tecnologías es el inglés, existe una tendencia a universalizar este idioma. Se trata de convertirlo en el idioma del mundo, sin duda que esta pretensión contiene intereses económicos y políticos, de dominio.[63]

Sin embargo, la preeminencia de dicho idioma, el español insiste en mantener su posición en el mundo de una manera firme. La ola creciente de inmigrantes procedentes de América Latina hacia Estados Unidos lo ha convertido en uno de los países con más hispanoparlantes.[64] De acuerdo con García (1993:6), "Estados Unidos actualmente ocupa el quinto lugar entre los países del mundo de hispanoparlantes, detrás de México, España, Argentina y Colombia." El incremento en la magnitud del mercado potencial de esta población ha creado una fuerte demanda para la programación televisada en español. "Los Ángeles tiene la segunda concentración más grande de personas de origen mexicano, después de la ciudad de México." (Valenzuela, 2003:47). Ante semejantes cantidades de ciudadanos de origen mexicano es fácil advertir la enorme cantidad de personas que hablan español que se sitúan en Estados Unidos.

En este país hay once señales televisivas en español, cuatro se originan en México, muestra el reconocimiento de una necesidad cultural. Los emigrados aún valoran la cultura y el idioma de sus ancestros. Esto explica el porqué de la prevalencia de este idioma.

Las condiciones de frontera permiten a los juarenses convivir de manera cotidiana con los angloamericanos y su idioma, pero a la vez viven en un país donde sólo en ciertas actividades laborales se utiliza de manera periódica el inglés, por ejemplo dentro de la maquila de exportación y el turismo. Pérez Canchola (1989) argumenta que en realidad:

---

[63] El Estado difunde y fomenta una lengua y una cultura homogéneas, y por ello en cierto modo las define. Las sociedades modernas tienen necesariamente idiomas oficiales o casi oficiales. Es un imperativo funcional. (Gellner, 1991 *apud* Taylor, 2000:256).

[64] Según datos del censo del 2000 en Estados Unidos, un poco más de 28 millones de personas mayores de cinco años lo hablan en casa (US Census Bureau, Population Division, Education & Social Stratification Branch) (Canales, 2005).

…el uso del inglés no es reflejo de un bilingüismo formal, ya que su uso está determinado por las necesidades particulares de aquellos sectores de la población que por su trabajo o por sus relaciones sociales y comerciales, lo utilizan obligados por la circunstancias. El resto de la población –la mayoría– sobrevive social y económicamente con el solo uso del español.

El autor menciona esto porque existe la impresión muy generalizada al interior del país de que en la frontera hay un uso extendido del idioma inglés. Orozco nos relata algunos antecedentes de cómo se inician los intercambios lingüísticos en el caso de esta frontera. Éstos datan de la segunda década del siglo XIX, cuando se incrementaron los viajes de los comerciantes norteamericanos a la república mexicana. El idioma de los anglos adoptó un gran número de palabras relacionadas con los oficios de la arriería, la cría de ganado y la doma de caballos: aparejo, corral, rodeo, entre muchas otras. Sin embargo, fueron los intensos y gigantescos movimientos demográficos, que propició la revolución, los que trajeron consigo un gran trueque de palabras. En Juárez se recibieron los primeros camiones militares junto con sus correspondientes choferes[65] que se integrarían a las tropas de la División del Norte, cuyos soldados muy pronto les llamaron las trokas, vocablo que llegó para quedarse en el norte, así como muchos otros derivados de la industria automotriz: *fender, cloch, rin*, etcétera (Orozco, 2007:50).

En la actualidad existen palabras de origen inglés que han sido transformadas al uso común del (la) juarense, por ejemplo lonche (*lunch*), escrape (*scrap*), carro (*car*), mapear (*mop*), breka (*brake*), parquear (*parking*), liquiar (*liquid*), birria (*beer*). Estos términos se dicen en las actividades cotidianas, este hecho permite que se hablen de forma indiscriminada sin ninguna culpa de deformar el idioma. Excepto algunos estudiosos de la lengua que muestran su

---

[65] Es importante mencionar la advertencia del doctor Eduardo Barrera, quien aclara que el término choferes pertenece a un galicismo, por tanto, no se puede considerar anglicismo. Aclaración que realiza después de la lectura de este documento (Barrera, 2009).

inconformidad, el ciudadano común hace suyos éstos y otros vocablos. La misma cotidianidad y costumbre han originado que algunas palabras en el uso común se utilicen aunque se ignoren sus significados en el castellano. Lasso (2005) anota: "ningún juarense típico sabe que una guacha se llama rondana o que una desponchadora en español se dice vulcanizadora, o un carrocero es hojalatero". El y la juarense han utilizado préstamos de ciertos vocablos.

La lengua tiene un sentido dinámico, sobre esta cuestión Arzate (2006) expone: en la medida en que la experiencia nunca es la misma, la lengua cambia, pues constantemente se crean e incorporan nuevos "objetos culturales" a los que hay que nombrar y poner con relación a otros ya existentes, un tipo de cambio en la lengua lo constituyen los préstamos, y ocurre cuando dos o más lenguas se encuentran en una situación de contacto cultural y lingüístico entre dos o más comunidades humanas, con culturas e idiomas diferentes, lo que sucede en la zona fronteriza Juárez-El Paso.

En cuanto al(a) transfronterizo(a) estudiado(a) no hay gran contraste con respecto al juarense común, en general se utilizan los mismos términos usados por los primeros. Es que en realidad el idioma español se habla con regularidad en los lugares de trabajo, donde se desempeñan en la ciudad de El Paso. Son algunos ejemplos obtenidos de las entrevistas de campo:

Delia: ¿Cómo le hacen con el idioma inglés en sus trabajos, allá en El Paso?

Claudia: En la fábrica donde trabajo la mayoría son mexicoamericanos, hispanos, y se habla casi puro español. Dos o tres palabras que se utilizan mucho, como en Juárez, las comunes como *freeway*, *yard*, *house*, etcétera.

Tere: Yo no hablaba ni jota y ahora creo que ando por un 50% de hablarlo y entenderlo. No lo leo ni lo escribo, pero para el trabajo que hago con eso tengo.

182

Javier: A mí ni me pregunte porque soy una "papa" en español y una "repapa" en el   inglés, mucha gente piensa que porque vive uno en la frontera a fuerza ha de hablar inglés, pues es otra de las grandes equivocaciones que tienen con respecto a los que vivimos aquí. Los del sur nos miden con el mismo rasero a todos...

Lina: Yo nada nafin, si se me ofrece me comunico con señas, pero en realidad no lo necesito, todas las señoras con las que he trabajado hablan el español.

Raúl: Pues yo sí lo hablo bien... en la fábrica donde trabajo me hicieron una prueba, aunque yo no sé para qué, ahí todo mundo habla en español.

En realidad son pocos los casos en que necesitan del idioma inglés, incluso las personas que prefieren trabajar con los angloamericanos debido a experiencias frustrantes con los (las) mexicoamericanos(as), no lo requieren y manifiestan no "batallar tanto", ya que se comunican por medio de señas, ellas utilizan el lenguaje corporal, lo mismo que sus patrones.

Delia: ¿Cómo le hacen para comunicarse con aquellos que no hablan español? Como por ejemplo los que trabajan solamente con americanos, güeros.

Guadalupe: No pos a puras señas... ahí es cuando yo prácticamente le digo a ella *camon plis (come please)* y ella dice *okay,* yo abro el refrigerador o el gabinete y ya le digo ¿mi puedo, yo usa? señalando lo que quiero usar, o con solo una palabra que me sepa, ya nos entendemos.

Lina: Solamente he tenido un patrón gabacho, trato de entenderle, aunque no sé contestarle me hago entender con señas y dos o tres palabras que me sé.

Nachita: −A mí me gustó trabajar con puros güeros y nunca he batallado para darme a entender, ni ellos a mí, para eso existen las señas.

Las madres transmigrantes entrevistadas expresaron la necesidad de que sus hijos hablaran el inglés, que sean bilingües, pero sin dejar su idioma natal, el de sus padres, el cual consideran como esencial en la conservación de la identidad mexicana, en la comunicación, para que en un futuro sus hijos se puedan desempeñar mejor hablando los dos idiomas. Ellas por su parte hablan lo indispensable e incluso hay ocasiones en que se comunican con sus patronas(es) a través de señas, o con americanismos o anglicismos.[66]

Delia: ¿Qué idioma se habla aquí en la casa?

Rosa: Mire… mi'ja le habla al niño en inglés, pero conmigo habla en español, pero ella trae amigas del colegio y hablan puro inglés.

Delia: ¿Usted les entiende?

---

[66] Al fronterizo se le ha estereotipado de desnacionalizado y en la demostración se argumenta el lenguaje "apochado" dada la utilización de anglicismos en su discurso; no obstante, investigaciones recientes indican que pudiera pensarse que la utilización de anglicismos está más relacionada al sector social de pertenencia que a la cercanía geográfica con la frontera […] Las pruebas de la desnacionalización del fronterizo se han centrado en su "imperdonable colindancia con la utopía", el consumo de productos del otro lado, la exposición al poder de los medios de comunicación. La sospecha, el reclamo, la condena, han sido marcas que estigmatizan al fronterizo. (Valenzuela Arce, 1986)

Rosa: Yo sí les entiendo algunas cosas, la mayoría, pero no lo hablo tanto.

Delia: Sus amistades qué idioma hablan.

Rosa: Muchas como yo, que *good morning, look, yes*, esas palabras muy usuales, como eso de: te veo pasando los *traques*, a dos o tres *blokes*, le revuelve uno español con inglés, es muy usual eso… ay te guacho güey, *(se* ríe a carcajadas), si como *good morning…* hasta *tomorrow* y todas esas palabras que todo el mundo sabemos y las que más hablan le revuelven mucho inglés…

Elvira: Es lo mismo que en Juárez, aunque yo nunca hubiera pasado para allá. Yo que soy de Chihuahua, me notaban mucho… antes cuando iba a visitar a mi familia a Chihuahua, me decían ya hablas como pocha, y ni siquiera había pasado todavía a El Paso. Es lo mismo, las mismas palabras aquí (Juárez) y allá (El Paso)…

Los americanismos o anglicismos son abundantes en la forma de hablar (y tal vez inconsciente, ya que el fronterizo sea de nacimiento, con cinco años o menos tiempo de residencia en Juárez, ha escuchado y hablado de esta forma y le suena muy familiar y no por ello se considera menos mexicano o desnacionalizado, estereotipo por cierto contra el que lucha de una manera persistente y cotidiana.

La familia transmigrante y la religión

De todos los cultos que se practican en México es la religión católica la que (hasta el momento)[67] tiene y ha tenido mayor presencia sobre todo en el centro y sur del país. Es tal su influencia que se asocia al catolicismo con la mexicanidad. De esto Vila reflexiona lo siguiente:

> ...aseveraciones de sentido común, datos censales, y discusiones teóricas sobre los mexicanos y la religión, parecen apuntar a una misma dirección, es decir, que ser mexicano y ser católico están íntimamente relacionados. De acuerdo con (Elizondo, 1994:7)[68] las prácticas religiosas católicas son "el fundamento último de lo más recóndito del ser de la gente (mexicana) y la expresión común de su alma colectiva". De este modo, Elizondo distingue un particular tipo de identificación: la religiosa, la católica, como la identificación más importante por medio de la cual los mexicanos y los mexicoamericanos construyen sus identidades. Las identificaciones de nación, etnia, raza, género, edad y región ocupan solamente un papel secundario de las identidades mexicanas, de acuerdo con este esquema de pensamiento". (Vila, 2007:45)

En efecto, en la cultura mexicana la virgen de Guadalupe y los santos vienen a jugar un papel muy importante para apoyar a la identidad mexicana, baste ver al país en un 12 de diciembre, fecha en que la fe de los mexicanos se desborda, familias enteras se desplazan hacia La Villa de Guadalupe, ahí se observan individuos que con sus rodillas sangrantes llegan hasta el altar de la virgen con

---

[67] Según datos obtenidos por los censos nacionales de población, el porcentaje de población católica ha descendido: de 1960 a 1980 pasó de 96.48% a 92.62% y en las dos siguientes décadas se ubicó en un 87.99% de acuerdo el XII Censo General de Población y Vivienda, 2000.

[68] Elizondo, Virgilio (1994). "Popular Religion as the Core of Cultural Identity Based on the Mexican American Experience in the United States", en: *An enduring flame: Studies on Latino Popular Religiosity,* editado por Anthony M. Stevens Arroyo y Ana María Díaz-Stevens, vol. 1, of PARAL Studies Series. New York: Bildner Center Books, pp. 113-132.

sus ofrendas y exvotos con un fervor de arrobado misticismo, sobre
todo de aquéllos que pertenecen a la clase media baja.[69]

> Alonso: ...Pero no todo es desagradable, también se encuentra
> uno con cosas buenas, como lo de las colectas para las
> fiestas patronales de los pueblos de México, entre todos
> se junta dinero para mandar como aportación para las
> fiestas patronales, para la pólvora de los cuetes. Eso es
> muy bonito. Cada quien se acuerda de sus fechas
> festivas, y las marca, pero hay una fecha que los marca
> a todos, el día 12 de diciembre. Hay clubs que se
> llaman de la guadalupana, también de San Isidro y San
> Juan, pero el mayor, el que les digo que los marca a
> todos, es el de la virgen de Guadalupe, pero no
> solamente a los mexicanos, no... a todos los latinos...

---

[69] Si bien es cierto que la religión es una condición fundamental para la identidad, también lo es la clase social. En este aspecto religioso tienen mucho que ver las prácticas que los ciudadanos realizan en la vida cotidiana. Por ejemplo, he observado cómo es que los mexicoamericanos que tienen ciudadanía y un trabajo estable que les ofrece mayor sueldo y se pueden considerar de clase media alta, profesan la religión protestante, pentecostal o evangélica. A la vez que experimentan una apertura superior a la cultura angloamericana y se encuentran más permeables a los cambios sugeridos en el país huésped, también se denota un deseo de ser aceptados por los americanos. Para reforzar la idea planteada en estos párrafos, recurrí a Jorge González, quien aporta que el exvoto es hoy en día un instrumento de comunicación popular que muestra y socializa los temores, las carencias, las penurias y los posibles modos de solución que forman parte de la vida cotidiana de las clases subalternas, asimismo, proyectan las aspiraciones y utopías concretas de tales clases (1994:106). La práctica de colocar un exvoto en un santuario determinado sólo la encontramos presente y significativamente viva dentro de las clases explotadas, dominadas y subalternas de nuestra sociedad. Alberto M. Ciresi. "Sobre las culturas subalternas", México, UAM-X/Universidad de Colima, en prensa.

De acuerdo con las lecturas y las entrevistas realizadas a personas que trabajan en El Paso y viven en Ciudad Juárez, la religión tiene un contenido de gran peso en el proceso de identidad tanto a nivel personal como dentro de la familia mexicana. Pues interesa el poder que ésta tenga en la familia fronteriza, que es la que vive un proceso de transmigración.

Ciudad Juárez registra un movimiento particular con relación a la religión, dados los sucesos acaecidos que mencionaré más adelante. Algunas personas expresan que entre más al sur del país se adentren más se conservan las tradiciones culturales mexicanas que recaen en la religión (celebraciones de diversos santos, día de muertos, día de la virgen de Guadalupe, la navidad con sus típicas posadas, día de los santos reyes o reyes magos).

En esta aseveración se implica que el fronterizo es considerado por los sureños como de menor devoción, quizá por su cercanía con Estados Unidos. Esta percepción hacia el habitante de la frontera lo convierte para el resto del país como menos mexicano,[70] estereotipo ligado a prejuicios sociales que aún en estos días se le atribuye al fronterizo, y en efecto parece ser que (sin dejar de ser mexicanos) los fronterizos muestran menor cercanía a los preceptos religiosos. Odgers (2006:117) dice …"el norte del país se identificaría como un espacio donde la hegemonía del catolicismo no es tan acentuada como en el centro de México, pero la presencia del protestantismo no es tampoco tan importante como en los estados del sur-sureste".

En Ciudad Juárez las iglesias protestantes tienen una presencia importante desde inicios del siglo XX. Así para 1920 existían en la ciudad cinco logias masónicas, cuatro templos protestantes y sólo dos iglesias católicas.

---

[70] En 1924 ya se acusaba a los fronterizos de estar desmexicanizados y cuando llegó a tomar nuevamente forma la vieja petición de reestablecer la zona libre (decretada en 1885 y eliminada en 1891), desde el centro del país se insistía en que la creación de ésta agravaría más el desarraigo a la patria al crear situaciones de privilegio. (Flores Simental y Gutiérrez Roa, 1998:61).

Ante esta panorámica nada grata para el catolicismo, la iglesia realiza intentos para ganar adeptos en la región con varias tentativas de proselitismo en una ciudad con un crecimiento demográfico en suma alto (en 1930-1980 la población se multiplicó 11 veces). A principios de la década de los años cuarenta hace su aparición la Acción Católica, cuya misión era formar seglares capaces de coadyuvar en la labor de la iglesia, de recristianizar a la sociedad, que al no encontrar muchos adeptos crea pequeños grupos con poco impacto.

Dos acontecimientos sin duda significativos para la religión católica fueron los siguientes: el primero en 1937 fue nombrado párroco de Nuestra Señora de Guadalupe el presbítero Baudelio Pelayo Brambila, y el segundo fue la colocación de la primera piedra para la construcción del templo de Nuestra Señora de Guadalupe (después catedral), el 12 de octubre de 1942.

Para 1955 Ciudad Juárez contaba ya con seis iglesias católicas, 20 templos protestantes y cuatro logias masónicas para una población aproximada de 276 000 habitantes. En 1957 fue consagrado el primer obispo católico, Don Manuel Talamás Camandari, además, Ciudad Juárez se erige como diócesis con la importancia que esto representa para el catolicismo, presentándose una oportunidad para el estudio de los cambios de la iglesia católica, así como para el crecimiento. Aún los católicos continúan perdiendo terreno en esta área norteña-fronteriza, ya que a pesar de los intentos de la grey católica persiste en las familias el deseo de cambiar de culto, sobre todo en aquellas que tienden a pasarse al vecino país.

Para los transmigrantes la religión es un referente importante, pero a diferencia de hace más de medio siglo, hoy se observa una tendencia de variedad en sus creencias, mismas que dan cuenta de que la iglesia católica ya no predomina con igual contundencia en el espacio de México, o mejor dicho, en las mentes de los mexicanos.[71]

En conversaciones con personas transmigrantes y con mexicoamericanas que viven en El Paso, o en Ciudad Juárez, compartieron que algunas han decidido cambiar su religión católica, por lo general por alguna cristiana (hermanos separados, pentecostales o protestantes). En ellas se encuentra un deseo de pertenencia, de ser aceptados por los originales de ese país, por lo que adoptan con prontitud y cierto orgullo sus costumbres y las llevan a cabo con gran solemnidad, por ejemplo *thanksgiving, christmas o halloween.*

Con igual actitud de aceptación asisten a los templos de éstos. Las lecturas realizadas nos arrojan datos estadísticos que es importante resaltar. Vila (2007:51) cita a Andrew Greeley,[72] quien sostiene que más de un millón de feligreses (hispanos americanos) ha dejado la iglesia católica romana en el periodo de quince años que va de 1973 a 1988, y que la mayoría de ellos se está yendo a iglesias pentecostales o evangélicas, estima que unos 60 mil católicos hispanos por año se convierten a religiones protestantes…

De los (las) entrevistados(as) sólo dos matrimonios y una persona, entrevistada en forma individual, dijeron no profesar la fe católica, la pareja formada por Claudia y Ricardo, ella es cristiana y él mormón, observa las condiciones de ser ciudadanos norteamericanos y vivir muy bien económicamente. El otro matrimonio trabaja en la vecina ciudad con visa turística, así como la mujer entrevistada. Veamos lo que dicen:

Delia: ¿Qué religión profesan?

---

[71] Desde los años setenta se registra en México el avance cada vez mayor de la diversificación religiosa de varias regiones del país, aún con la abrumadora mayoría católica estimada en un 95%, los cálculos que algunos investigadores han realizado con datos de los censos de población indican que el número de creyentes en confesiones no católicas tiende a aumentar especialmente en entidades del norte, sureste y sur, donde el impacto regional de las sociedades protestantes comenzó a finales del siglo XIX (Hernández Madrid, 1999:394).
[72] Greeley, Andrew M. (1988). "Defection Among Hispanics", en: *America,* July 30, pp. 61-62.

Claudia: Yo soy cristiana, todos los domingos voy al templo, mi   esposo solamente me acompaña en ocasiones.

Ricardo: Solamente hay que creer en Dios, yo no creo ni en la virgen, ni en los santos como los católicos y los cristianos. Éstos son muy "especiales" (voltea a ver su   esposa). El pastor de la iglesia cristiana enviudó y en el mismo funeral se consiguió a la siguiente pareja con la cual se casó luego luego (lo dice en tono   burlesco).

Juanita: Ahí sí que cambiamos, éramos católicos, pero en un momento de desesperación cuando mi hijo estaba tan mal, una vecina me convenció y asistí a Vino Nuevo, ellos me ayudaron mucho emocionalmente. Con los hermanos hemos encontrado lo que nunca, ayuda espiritual, emocional y hasta trabajo.

Patricia: Mire, cuando empezamos a ir para allá éramos católicos, pero en los momentos más desesperados, por medio de mi suegra se nos acercaron unos hermanos cristianos y viera cómo nos ayudaron... tuve problemas, Luis me golpeaba y una hermana me ayudó mucho, hasta económicamente.

Por lo anterior, existe una contraparte, situación de refuerzo en algunos otros (los más), misma que no les permite cambiarse de credo y no dudan en conservar la creencia religiosa que les inculcaron sus padres.[73] En los católicos se ve una fe exacerbada en

---

[73] En el caso específico del matrimonio al que hago alusión, el marido tiene la influencia de su padre, quien es maestro IV grado de la masonería, por lo tanto él tiene su propia percepción de las creencias.

los santos, derivada de la herencia de sus padres y del lugar del que provienen, sobre todo entre migrantes originarios del centro y sur del país.

En tanto, algunos (los más) transmigrantes entrevistados conservan su fe católica. Algunos(as) de ellos(as) con mayor fervor y otros sin mucha constancia, ya que al parecer llevan la religión sólo por herencia de sus padres. Veamos los testimonios:

Delia: ¿Cuál es su religión?

Rosa: Católica, aquí todos somos católicos (se refiere a sus vecinos). Vamos a una iglesia que está por la Delta, vamos los domingos a misa, a las 10 es la misa del Santo Niño de Atocha.

Lupita: Yo soy muy creyente, todos en mi casa lo somos, mire mi altar (señala un rincón de la sala donde hay algunas estampas religiosas y veladoras encendidas con un óleo de la virgen de Guadalupe en sus manos, narra que le hizo un milagro). Una noche veníamos de trabajar mi esposo y yo, y él vio la imagen tirada en el *freeway* y los carros pasaban sobre ella. Él se detuvo y entre el tránsito fue a recogerla y la imagen no recibió siquiera un raspón. ¿Verdad que es un milagro? También San Judas Tadeo me ha ayudado mucho, yo les tengo mucha fe.

En cambio, desde una distancia hacia la religión, resulta que a pesar de conservar la creencia católica, otras(os) la llevan sin tanta devoción. Por ejemplo, Ignacia viene de un pueblo de Durango (Villa Juárez), Ana Velia de ciudad Camargo, al sur del estado de Chihuahua; también Javier es de Tula de Allende, del estado de Hidalgo; Iván es nativo de Juárez.

Ignacia: Pues qué le diré… casi nunca voy a misa, mis hijas están bautizadas pero hasta ahí. Casi no soy muy afecta a tener santos, sin embargo, cuando en mi pueblo se celebra el santo patrón sí voy, pero más que nada para ver a mi gente, familia y a mi pueblo.

Ana Velia: Mis padres me bautizaron y yo a mis hijos, pero casi nunca voy a misa.   Que atea ¿verdad?...

Iván: Pues… soy católico, pero sólo yo sé que lo soy, casi nunca voy a misa.

Javier: Yo soy católico, pero no me gusta ir a misa, ni nada de eso.

Odgers declara que:

> …las afiliaciones y las prácticas religiosas en la región están marcadas por la relación transfronteriza y la migración. La colindancia con la diversidad, el distanciamiento de mecanismos sociales de control, el contacto con asociaciones religiosas diversas a través de programas de protección al migrante, son algunos de los factores que inciden en el incremento de la diversidad religiosa al sur de la frontera. Sin embargo, de manera paralela, la estrecha asociación que se teje entre las adscripciones religiosas y las identidades étnicas, que confieren un nuevo sentido a la religiosidad, incidirá en el camino de la preservación, revaloración y reelaboración de las creencias y prácticas religiosas tradicionales (Odgers, 2006:131).

Empero, hay que reconocer que la frontera es un espacio donde se palpan de manera evidente las referencias de alteridad. La relación transfronteriza resulta ser un elemento importante para comprender el proceso que juega la religión, y puede fortalecer el catolicismo como práctica que remite a la identidad mexicana.

Existe un fuerte papel que los mexicanos asignan de la pertenencia a la religión católica como signo de "identidad mexicana", porque lo revaloran como vínculo con sus tradiciones y patrimonio de sus antepasados (Hernández Madrid, 2002).

No hay que olvidar que pese a los cambios y el desvanecimiento del dominio del catolicismo, éste aún se deja sentir en los hogares de Juárez, de forma primordial en aquellos nucleares-patriarcales, los cuales todavía guardan sus tradiciones y sus costumbres.

Es un hecho, sí se percibe en este ambiente fronterizo una diversidad de cultos. Es frecuente que en casa de cualquier juarense toquen a la puerta ofreciéndole ya sea la "palabra de Dios" o en su defecto cualquier revista alusiva a creencias. Las entrevistas realizadas en el campo presentan esa variedad.

Ante la presencia de estas dos vertientes simultáneas y contradictorias entre sí, se puede afirmar que existe una diversidad de cultos, todos con sus respectivos seguidores, que reflejan también el ambiente multicultural de Ciudad Juárez.

Los fronterizos (transmigrantes) y las costumbres

Las costumbres de los que trabajan en El Paso y viven en Juárez, van muy de la mano con la religión y ciertamente la cercanía especial propicia conductas interesantes. García (1989:304) menciona que "la proximidad geográfica y comunicacional con el otro, produce un contexto de intensa segregación y desigualdad social, en la que los migrantes dejan de idealizar la cultura del otro y en reacción a este contexto retienen la suya". El transmigrante norteño posee conocimiento de los ambientes de la vecina ciudad, lo cual le facilita esquivar la segregación y desigualdad a la que son sometidos en general los migrantes, simplemente regresando a su país situado tan cercano, ésta es una ventaja que le da protección. Por otro lado, el constante ir y venir en muchas ocasiones desde pequeños, les permite verlo con familiaridad.

Veamos qué es lo que sucede con las tradiciones de las personas transmigrantes entrevistadas para poder determinar si en efecto retienen su cultura, o bien ésta tiende a diluirse. La constante se presentó con las celebraciones muy tradicionales de los angloamericanos tales como el día de gracias (*thanksgiving)* y la costumbre de pasar el día último de octubre de casa en casa solicitando dulces, *trick and treat*, esta actividad es netamente infantil, el *halloween*:

Delia: Platiquen sobre las costumbres que han adquirido de allá.

Lupita: Pues mis jefes me regalan un pavo y me recomiendan que dé gracias con toda la familia, y así reunidos igual que ellos, lo hacemos…

Rosa: …lo que más se festeja es el hallowen, pues por los niños; cada año se les compran sus disfraces y ellos muy contentos y nosotros también…

Elvia: …a mí sí me gusta, sí me adapto. Desde chiquita siempre lo viví, me gusta. Yo no me fijo si es cosa del diablo, me gusta ir con mis hijos para que pidan los dulces, eso de la coneja también y me gusta dar gracias. De verdad no sé si esté bien o mal, pero hay algunas tradiciones que me agradan de allá, de Estados Unidos…

Jorge: Una costumbre que ya adoptamos es que ellos solamente comen dos veces al día, un almuerzo muy ligero y hasta la noche comen fuerte… nosotros lo hacemos igual.

En cambio hay también algunos entrevistados que no desean ni practican las tradiciones estadounidenses, o bien sí lo hacen desde una perspectiva diferente, sólo por disfrutar o degustar un rico platillo (el pavo).

Oralia: …yo no hago cena de *thanksgiving* ni tampoco ya de *halloween*. Sí lo hice, sí lo hice un tiempo con mi hija; sí la disfrazaba e íbamos a pedir dulces, pero más que nada lo hice para que no se le quedara la tentación a ella. Pero ya ahorita por ejemplo, ya le dije que esa no es tradición de nosotros…

Fernando: …la costumbre de brujas no es nuestra…

Lina: …pues yo les inculco que mantengan nuestras fechas festivas, como el 16 de septiembre, por ejemplo…

Lorenzo: El día de acción de gracias, pues comemos pavo. ¡Qué rico! ¡Qué suave! Pero el concepto (significado) que para ellos tiene ese acto, no lo tiene para nosotros, sólo lo vemos como un día de descanso y de comer pavo y ya.

En la preparación y elaboración de los alimentos se observan grandes diferencias manifestadas por las personas entrevistadas:

Zoila: Las americanas para empezar casi no cocinan… la gente latina cocina más… los americanos has de cuenta que ellos llegan al mercado, a la carne, si tu te fijas vas a Sam's, vas a Walmart, miras esos bonches de carne, bolas de carne y costillares completos, eso es lo que ellos comen. Compran esas carnes y nada más las meten al horno, o sea, ellos no hacen fritangas como nosotros…

Martha: A lo mejor sí cocinan, pero no le dan tanta importancia a la calidad de los sartenes, y otra cosa que tienen las americanas es que ellas utilizan el horno de la estufa... los hornos de las estufas siempre están sucios, marcados, y los de nosotros no ¿verdad?

Sofía: Los latinos tenemos una manera muy diferente a los americanos, éstos cocinan mucho al horno, mucho porque es muy sencillo. Por ejemplo, compran pollo, lo aderezan y meten al horno y ya comieron, o hacen una ensalada, la ensalada la pican y listo, no hacen "guisadera", no hacen fritangas, y además compran comida semipreparada...

Carmen: Están las pizzas, ya nada más para que las metan al horno, y un montón de comida italiana también ya nada más pa'meterla al horno. Todo, todo, las sopas... todas las que las llaman Sazone, ya va directo al horno...

Elvira: Aquí los mexicoamericanos el pozole, el asado, el menudo... eso lo siguen haciendo aunque tengan 20 años viviendo allá.

En el consumo también se exhibe una gran diferencia, según las personas entrevistadas expresan con gran énfasis dicha discrepancia con relación a los sabores de los alimentos:

Lorenzo: Hay mucha diferencia en la alimentación, cuando estoy en El Paso la comida no me sienta bien, sólo cuando yo hago de comer en mi casa, pero ni aun así. Los alimentos no se preparan igual, y no saben igual. Si bien es cierto que todos los productos mexicanos existen allá, pero no sabe igual, el sabor es distinto, porque la comida que se exporta tiene regulaciones de tipo sanitario que obligan a que utilicen conservadores y suavizadores, que le quitan el sabor mexicano...

Iván: Existe una enorme diferencia del agua de allá, tan tratada, tan purificada, tan científicamente arreglada... debe influir en el cambio de sabor de la comida, digo...

Raúl: ...la comida es comida mexicana, pero no sabe igual a la de mi mamá o la de mi abuelita... creo que le faltan las especies (sic), el cilantro, cominos y eso que les ponen acá a las comidas.

Maribel: ... todo sabe diferente, hasta los frijoles... yo compro los frijoles allá y traigo la mitad a Juárez y al cocerlos no saben igual que los que coso en El Paso. Mis hijos me dicen que los lleve mexicanos y cocidos en Juárez...

Fernando: ... Eso es muy cierto, la comida de allá no sabe a México.

Maribel: Yo procuro darles a mis hijos igual que acá, pero en la escuela les cambian muchas cosas, incluso la comida. Les dan huevos, jamón, cereal, eso está bien para mí, pero luego también les dan pizza, hot dog, hamburguesas, sandwich y eso no me agrada, y luego mi hijo el mayor, ése no quiere comida de acá, no le gustan los caldillos, las sopas, él sólo quiere comer hamburguesas y los mentados hot dog.

La contribución del debate ha sido la expresión de estos transmigrantes fronterizos:

Fernando: ...el grito de Independencia hay que vivirlo, estar ahí. Se siente cuando estás ahí con las vibras de toda esa gente

198

que lo transmite, cuando escuchas al presidente en turno gritar ¡Viva México! Sientes el alma enorme, te llenas de emoción, a mí me dan ganas de llorar, del puro amor que le tiene uno a su patria, a su historia. Luego las vendimias, los tacos, las enchiladas, los elotes, las luces de colores en el cielo juarense...

Raúl: Sí, lo siente uno muy dentro.

Lorenzo: ...cuando estamos acá en Ciudad Juárez realmente es cuando somos nosotros, el estar en México nos lleva a ser auténticos aunque tengamos que cruzar la frontera a diario. Yo sí pienso, cuando muera "que digan que estoy dormido y que me traigan aquí"... y el 15 de septiembre cuando vengo al grito se me sale el corazón, me siento muy bien...

Rosa: ...a mí me emocionan mucho las fiestas mexicanas, la del 15, la de San Lorenzo, la

del 12 de diciembre, no, no, todas qué cosa tan hermosa, se siente uno más mexicana.

Lupita: ...el 15 de septiembre acostumbramos asistir al grito y disfrutar de todo lo

mexicano, es muy importante para nosotros como mexicanos.

Jorge y Lupita aseguran que el hecho de laborar en El Paso, en nada les ha modificado o afectado su identidad mexicana.

Jorge: ...Será porque venimos todos los días, la verdad nosotros tomamos lo que queremos y nos gusta, y lo que no, lo rechazamos. Seguimos siendo mexicanos y católicos, al menos así lo siento.

Estas posiciones son cambiantes y múltiples, la etnia, clase, género y generación son con frecuencia identidades construidas en las fronteras de modo diferente.

Tanto el idioma, la religión y las tradiciones son parte inherente e importante en la construcción de la identidad de los transmigrantes juarenses, en quienes vemos una combinación híbrida: se observan algunas características compartidas con mexicanos originarios del centro y sur del país, sobre todo en la religión y las costumbres gastronómicas. La influencia de Estados Unidos se refleja en el uso de anglicismos, así como en ciertas costumbres disciplinarias –del orden y la puntualidad–, también en utilizar los mosquiteros llamados *spring*. "En este sentido, la noción de lo híbrido se ha convertido en el concepto más usado para representar el significado de las diferencias culturales de la identidad" (Verea, 2003:47).

Las combinaciones interculturales que experimentan los (las) transmigrantes en realidad se mezclan para darnos como resultado una identidad que se aleja mucho de la pureza y de la autenticidad.

Conclusiones

En los anteriores capítulos de esta investigación ya se integraron algunas conclusiones, por tal motivo en ésta que son generales sólo presento unas reflexiones finales.

Pensar sobre la transformación de identidad de los (las) transmigrantes juarenses y sus repercusiones dentro de las familias, no resultó un proceso nada simple, ya que la migración compone una de las áreas problemáticas más acuciantes debido a su incidencia y prevalencia dentro de la sociedad actual. Hay que destacar que este fenómeno junto con el de la transmigración, componen un vínculo con la identidad y que no son pocas las dificultades que surgen cuando se intenta explicar el modo en que el cruce de fronteras altera los límites de la identidad.

Con este estudio se pretendió demostrar que la identidad de la familia transmigrante juarense se da dentro de un proceso que conjuga símbolos, idioma o costumbres, tanto de la identidad angloamericana como de la mexicana, aspectos que la familia transmigrante juarense elige en un momento dado de una u otra cultura. Es importante mencionar que dicha selectividad pudiera ser consciente o no.

Esta afirmación nos da cuenta de que en efecto, como se supone en las dos hipótesis planteadas al inicio de esta investigación, sí se observa el proceso de hibridación donde las familias transmigrantes incorporan de manera selectiva costumbres en lo relativo a las creencias religiosas y elementos idiomáticos de la cultura angloamericana. Mediante dicha incorporación selectiva la familia juarense transmigrante se halla en constante proceso de cambio cultural, acepta y asimila costumbres que aprende en su transitar cotidiano entre los dos países, sin perder por ello sus raíces ni sus referencias identitarias de la nación mexicana, a la religión católica y al idioma español.

La convivencia con las familias transmigrantes indica también que las nuevas generaciones, sobre todo los hijos que estudian en Estados Unidos, sufren un cambio mucho más radical y rápido en sus costumbres. El español se vuelve sólo una forma de comunicarse con los padres cuando éstos insisten en su práctica en la casa. Empero, los adultos tienen un conocimiento elemental del inglés y lo utilizan de forma ocasional en el espacio laboral. La mayor parte de la vida social tanto en Estados Unidos como en México se da entre mexicanos, lo cual explica la fortaleza y permanencia del idioma español y también de las costumbres y de la religión.

En las narraciones de los transmigrantes que entrevisté, he encontrado puntos muy relevantes y sobre todo humanos. Describo algunos hallazgos traducidos en signos en que se distingue a los miembros de las familias transmigrantes con relación a las familias migrantes, angloamericanas y mexicanas del interior del país.

Así se pudo observar que una característica de la familia transmigrante es la cercanía con su tierra, situación por ellos considerada de fundamental importancia, ya que dicha inmediación les permite acceder a su país natal en el momento en que ellos lo desean (dormir en mi tierra, afirma un entrevistado). Manifiestan también que en la frontera juarense experimentan mayor libertad, seguridad de no sentirse perseguidos(as) (indocumentados) por los agentes de migración. Por otro lado, el dinero (dólar) les alcanza más en la frontera mexicana.

Referente a las costumbres, por comentarios de ellos(as) se dan varios contrastes. Sólo algunos(as) entrevistados(as) mostraron su preferencia hacia las celebraciones angloamericanas, por ejemplo el festejo de *halloween (*noche de brujas) dicen participar por sus hijos pequeños, ya que no es de su gusto ni voluntad. Para aquéllos con hijos que estudian en el extranjero, esta celebración se promueve desde las escuelas, lo cual en cierta medida obliga a los padres a llevarla a cabo y adquirir los disfraces para sus hijos. La parte que rechaza este evento dice que *halloween* no es una tradición mexicana y se pronuncia por la celebración del día de muertos, en la que se refleja una demostración de sus costumbres y tradiciones.

En cuanto al *thanksgiving* (cena de acción de gracias), dos matrimonios la realizan con toda la familia y como una tradición, otros argumentaron que si alguien los invita celebran tal evento. Otros más, en cambio, son renuentes hacia estas festividades, las ven ajenas a su cultura.

Con respecto a las tradiciones mexicanas, la mayoría (excepto dos personas) prefiere la celebración del Grito de Independencia, y expresaron entusiasmo y orgullo, dicen que los hace sentirse emocionados de ser mexicanos. Lo mismo sucede con las fiestas patronales, las cuales son celebradas con gran exaltación, sobre todo la de la virgen de Guadalupe, de la cual todos los católicos entrevistados son devotos, y otras festividades muy juarenses como la de San Lorenzo y la de Nuestra señora del Carmen.

En la navidad hay una gran influencia de la cultura anglosajona, pero es importante advertir que se da en toda la frontera, no nada más en las personas que laboran en El Paso y viven en Ciudad Juárez.

Un aspecto de suma importancia es el que corresponde a la formación familiar en cuanto a los valores morales y de disciplina hacia los hijos. Vemos la percepción de la totalidad de las personas entrevistadas: ellos(as) consideran que los angloamericanos conforman una unidad familiar diferente, donde resulta claro el fomento a la individualidad, su relajada conducta hacia el ejercicio de la sexualidad a temprana edad y fuera de una unión formalizada, y su tendencia al dispendio de recursos. Comparten que no se les inculca el respeto hacia el adulto (personas mayores). Por otro lado, consideran alarmante el abuso de las drogas en los jóvenes y jovencitas angloamericanas y, por consecuencia, una negativa influencia para sus hijos que muestran tendencia a imitarlos, ya sea para ser aceptados por sus pares o bien por la admiración hacia lo extranjero. Señalan que el apoyo que desde el Estado se les brinda a los infantes ha propiciado constantes llamadas telefónicas al 911, donde éstos se quejan de sus padres por cualquier cosa.

El divorcio o separación de las parejas angloamericanas registra altos porcentajes, dejando –desde el punto de vista de nuestros entrevistados– a los hijos desprotegidos de esa falta de guía. Nuestros(as) entrevistados(as) piensan la compañía de los integrantes de la familia como algo insustituible, por lo que "el individualismo de los angloamericanos solamente fomenta la soledad".

Otra costumbre conservada por los(as) transmigrantes es la preparación y consumo de los alimentos, prefieren los alimentos típicos mexicanos. Las mujeres entrevistadas advirtieron que en la forma de la preparación de las comidas hay grandes diferencias, ya que las angloamericanas no suelen cocinar con frecuencia ni preparar platillos complicados. Comentan que éstos prefieren los alimentos cocidos previamente y listos para introducirlos al horno, o bien al microondas. En cambio las méxicoamericanas y las fronterizas encuentran un gusto en la elaboración y preparación de sus platillos, al igual que las del interior de la república.

Existen algunas costumbres angloamericanas que han sido adoptadas por las familias entrevistadas como son la constancia y puntualidad en el cumplimiento de sus responsabilidades laborales, también incorporan disciplina y tendencia hacia el orden. Además el uso de vehículos de modelo reciente, por lo que se mantienen endeudadas.

En cuanto a la religión se encontró que prevalece la católica y cuatro de ellas(os) mostraron su adhesión a religiones protestantes. Sin embargo, la mayoría de los católicos son poco practicantes. Únicamente tres personas ejercen su convicción religiosa y la práctica de los preceptos católicos con la asistencia a misa los domingos, la confesión, etcétera. El resto de las(los) entrevistadas(os) dijeron ser católicas(os) pero no practican todo.

En lo que corresponde al idioma vemos que el desconocimiento de la lengua extranjera no ha sido un obstáculo para el desempeño laboral, esto se debe a que en los quehaceres desempeñados –fábricas, casas habitación, construcción– la gente habla el español. En pocos casos, donde los patrones americanos no saben el castellano se comunican a través del lenguaje corporal, que al parecer da buenos resultados.

Es notorio que los(las) entrevistados(as) de mayor escolaridad tienen más dominio de la lengua angloamericana, en cambio los(las) de menor escolaridad muestran desdén para aprenderlo, y a pesar de conocer bastantes términos se niegan a hablarlo. Sin embargo, comparten su deseo de que sus hijos sí lo aprendan, incluso envían a los que son nacidos allá a estudiar en la vecina ciudad para que dominen las dos lenguas. Las madres entrevistadas defienden con vehemencia la conservación del idioma natal, por eso la insistencia de que en casa se hable el español. En contraste, los padres varones tienen apertura al uso del idioma inglés. Ellos prefieren y se les facilita al mismo tiempo aprender nuevos vocablos, ya que dicen que sólo a través del dominio de dicha lengua se puede tener éxito en Estados Unidos y en el mundo.

Un descubrimiento muy interesante son las emociones y sentimientos expresados por las(os) entrevistadas(os), extrañan el bullicio de las calles, los mercados juarenses, la jovialidad de la gente, la sensación de libertad que da el estar en su tierra. "En mi juaritos me siento libre como los pájaros", expresó una de las entrevistadas (que tiene que irse por semanas). La sensación para algunos es de pena por no estar en su tierra, en su casa, y esa emoción les produce enormes deseos de no tener que salir del país dejando a su familia. No obstante, otros aseguraron no sentir ninguna diferencia ya que todos los días van y vienen.

Tanto la experiencia empírica como los resultados de las entrevistas en el trabajo de campo, demuestran que en realidad difícilmente ha existido una total asimilación de la cultura angloamericana por parte de los transmigrantes mexicanos. He encontrado también una progresiva incorporación a la cultura fronteriza de elementos en apariencia contradictorios o ajenos a la idea hegemónica de la mexicanidad: elementos religiosos, símbolos de estatus y formas lingüísticas.

La transmigración y sus efectos o repercusiones en las familias, en realidad es un fenómeno muy complejo por la gran diversidad de condiciones en las que se encuentran   (clase, sexo, estatus migratorio). Como dicen Massey y Durand (2003): "no podemos quedarnos en el reduccionismo ni homogeneizar a la población migrante". La identidad de los integrantes de la familia transmigrante está sometida a una dinámica de cambio constante.

Con el paso de los años, la mezcla de las dos culturas resulta en una elección distinta en la que persisten los rasgos de origen, en este caso lo mexicano, pero modificados por la presencia de elementos de la cultura angloamericana. La hibridación se hace patente ante la intersección de las dos culturas en las familias migrantes. Una evidencia se da en el uso de ambos idiomas, en cambio, en las familias transmigrantes no es tan pronunciada esta combinación de lenguajes, en éstas se denota la utilización de anglicismos y/o americanismos.

En conclusión, la construcción de la identidad no es un todo acabado, es un proceso siempre abierto, nunca definitivo, se construye y se reconstruye de forma constante. Y en lo que corresponde a la familia, no se advierte gran modificación en la conformación de su identidad por el hecho de trabajar en el país extranjero y de vivir en el país de origen. Empero, dentro de la distribución y dinámica familiar de los(las) transmigrantes sí se sugirieron algunas circunstancias vivenciadas por ellos(as) sobre todo con relación a la educación de sus hijos. Estas situaciones se dan sólo en aquellas familias que tienen a sus hijos estudiando en las escuelas de El Paso, y por esa razón las madres se ven obligadas a quedarse allá y venir los fines de semana a atender a sus maridos y a estar en sus casas.

Esto ha provocado hasta el momento discusiones y pleitos entre los cónyuges. Ellos (los padres) reclaman a sus parejas el comportamiento de los hijos, incluso les han referido y echado la culpa del mal comportamiento de éstos: "Tú tienes la culpa por querer aferrada a estar allá", dicen dos de las integrantes de un grupo focal. No obstante, insisten que no dan marcha atrás, convencidas de que en Juárez difícilmente podrían lograr lo que han hecho hasta el momento.

206

Bibliografía

Libros

Alarcón, Rafael y Mines, Rick. "El retorno de los 'solos'", en: *Migración internacional e identidades cambiantes.* El Colegio de Michoacán, Zamora, 2002.

Aylwin, Nidia. Prólogo en: *Familia y trabajo social: un enfoque clínico e interdisciplinario de la intervención profesional.* Carlos Eroles (coordinador). Ed. Espacio, Buenos Aires, 1998.

Arias, Patricia y Woo, Ofelia (coordinadoras). Introducción a *¿Campo o ciudad? Nuevos espacios y formas de vida.* Universidad de Guadalajara, 2007.

Ariza, Marina y Portes, Alejandro. "La migración internacional de mexicanos: escenarios y desafíos de cara al nuevo siglo", en: *El País transnacional: migración mexicana y cambio social a través de la frontera.* Universidad Nacional Autónoma de México, México, 2007.

Arzate, Cutberto. "Tendencias en el vocabulario técnico de las maquiladoras de Ciudad Juárez por efectos de la globalización", en: *Juntos pero no revueltos.* Universidad Autónoma de Ciudad Juárez, Ciudad Juárez, 2006.

Bartolomé, Miguel Alberto. *Procesos interculturales: Antropología política del pluralismo cultural en América Latina.* Siglo XXI Editores, México, 2006.

Bartolomé, Miguel Alberto. "Fronteras estatales y fronteras étnicas en América Latina. Notas sobre el espacio, la temporalidad y el pensamiento de la diferencia", en: *Migración, fronteras e identidades étnicas transnacionales.* Velasco Ortiz (coordinadora). El Colegio de la Frontera Norte, Tijuana, 2008.

Beck, Ulrich. "¿Qué es la globalización?", en: *La sociedad del riesgo.* Paidós, Barcelona, 1998.

Béjar, Raúl y Rosales, Héctor. "Para pensar a México en el siglo XXI. Notas críticas sobre globalización, cultura e identidad", en: *Retos culturales de México frente a la globalización.* Arizpe Scholosser, Lourdes (coordinadora). Ed. Miguel Ángel Porrúa, México, 2006.

Blanco, Laura y Franco, Mariel. "La intervención profesional", en: *Familia y trabajo social: un enfoque clínico e interdisciplinario de la intervención profesional.* Espacio, Buenos Aires, 1998.

Brambila Paz, Carlos. *Migración y formación familiar en México.* El Colegio de México, México, 1985.

Bustamante, A., Jorge, *Migración internacional y derechos humanos.* Instituto de Investigaciones Jurídicas, Ed. Universidad Nacional Autónoma de México, México, 2002.

Castells, Manuel. *La era de la información: economía, sociedad y cultura. El poder de la identidad,* vol. II. Siglo XXI Editores, México, 2004.

Castillo, Manuel Ángel. "Migración, derechos humanos y ciudadanía", en: *El país transnacional: migración mexicana y cambio social a través de la frontera.* Universidad Nacional Autónoma de México, México, 2007.

DeFrain, John y Olson, David. "Desafíos y fortalezas de la familia y la pareja en los Estados Unidos de América", en: *Fortalezas y desafíos de las familias en dos contextos: Estados Unidos de América y México.* Publicaciones de la Casa Chata, México, 2007.

Del Val, José. *México, identidad y nación.* Universidad Nacional Autónoma de México, México, 2006.

----------------. *Etnia y nación en América Latina.* Consejo Nacional para la Cultura y las Artes, México, 1995.

De Sousa, Boaventura. "No disparen sobre el utopista", en: *Crítica de la razón indolente, contra el desperdicio de la experiencia.* Desclée, Bilbao, 2000.

---------------. "El milenio huérfano", en: *Ensayos para una nueva cultura política*. Trota ILSA, Bogotá, 2005.

Díaz Polanco, Héctor. *Etnia y nación en América Latina*. Consejo Nacional para la Cultura y las Artes, México, 1995.

---------------. *El laberinto de la identidad*. Universidad Nacional Autónoma de México, México, 2006.

Durand, Jorge. "Origen y destino de la migración centenaria", en: *El país transnacional: migración mexicana y cambio social a través de la frontera*. Universidad Nacional Autónoma de México, México, 2007.

Elu, Ma. del Carmen y Leñero, Luis. *De carne y hueso: Estudios sociales sobre género y reproducción*. Instituto Mexicano de Estudios Sociales, A.C., México, 1994.

Engels, Federico. *El origen de la familia, la propiedad privada y el Estado*. Editores Unidos, México, 2005.

Escobar, Cristina. "Migración y derechos ciudadanos: el caso mexicano", en: *El país transnacional: migración mexicana y cambio social a través de la frontera*. Universidad Nacional Autónoma de México, México, 2007.

Esteinou, Rosario. "Panorama general sobre las fortalezas y desafíos de las familias norteamericanas y mexicanas", en: *Fortalezas y desafíos de las familias en dos contextos: Estados Unidos de América y México*. Publicaciones de la Casa Chata, México, 2007.

--------------. "Una primera reconstrucción de las fortalezas y desafíos de las familias mexicanas en el Siglo XXI", en: *Fortalezas y desafíos de las familias en dos contextos: Estados Unidos de América y México*. Publicaciones de la Casa Chata, México, 2007.

Flores Simental, Raúl y Gutiérrez Roa, Efraín. *Crónica en el desierto*. Ed. Ágora Comunicadores, Ciudad Juárez, 1998.

Flores Ávila, Alma Leticia y Salinas Escobar, Evangelina. "El imaginario urbano en una colonia popular de la zona metropolitana de Guadalajara", en: *¿Campo o ciudad? Nuevos espacios y formas de vida*. Universidad de Guadalajara, 2007.

García, Almaral María Luisa y Santiago Quijada, Guadalupe. "Ciudades fronterizas del Norte de México", en: *Chihuahua Hoy*. Universidad Autónoma de Ciudad Juárez, Instituto Chihuahuense de la Cultura, Universidad Autónoma de Chihuahua, Ciudad Juárez, 2007.

García Canclini, Néstor. *Diferentes, desiguales y desconectados: Mapas de la interculturalidad*. Ed. Gedisa, Barcelona, 2005.

---------------. *Culturas híbridas: estrategias para entrar y salir de la modernidad.* Editorial Grijalbo, México, 1990.

Giddens, Anthony. *Consecuencias de la modernidad.* Alianza Editorial, 1ª. edición, Madrid,

1993.

---------------. *Un mundo desbocado: los efectos de la globalización en nuestras vidas.* Ed. Taurus, México, 2007.

González J., Mónica (coordinadora). *Las muchas identidades, de nacionalidades, migrantes, disidentes y géneros.* Editorial Quimera, México, 2004.

González, Jorge. "Retablitos, IV. Exvotos y retablitos, Comunicación y Religión Popular en México", en: *Más culturas.* CONACULTA, México, 1994.

González Montes, Soledad; Ruiz, Olivia; Velasco, Laura; Woo, Ofelia (compiladoras). "Las mujeres mexicanas indocumentadas en la migración internacional y la movilidad transfronteriza", en: *Mujeres, migración y maquila en la frontera nor*te. El Colegio de la Frontera Norte, 1ª. edición, México, 1995.

González Gutiérrez, Carlos. "Promoviendo identidades: Las relaciones del Estado mexicano con las comunidades de origen

212

mexicano en Estados Unidos", en: *Fronteras Fragmentadas*. Ed. El Colegio de Michoacán, México, 1999.

Gutiérrez Martínez, Daniel (compilador). *Multiculturalismo, desafíos y perspectivas*. Siglo XXI, México, 2006.

Guarnizo, Luis Eduardo y Smith, Michael Peter. "Las localizaciones del transnacionalismo", en: *Fronteras Fragmentadas*. El Colegio de Michoacán, México, 1999.

Guarnizo, Luis Eduardo. "Aspectos económicos del vivir transnacional", en: *El país transnacional: migración mexicana y cambio social a través de la frontera*. Universidad Nacional Autónoma de México, México, 2007.

Habermas, Jürgen. *Faktizität und Geltun*. Frankfurtam Main, Suhkamp, 1992, cap. III. Traducción al inglés por William Rehq., Mass., MIT Press, Cambridge, 1994.

Harvey, David. *La condición de la posmodernidad: investigación sobre los orígenes del cambio cultural*. Amorrortu, Buenos Aires, 1ª. edición, 2004.

Horkheimer, Max. "La familia y el autoritarismo", en: *La familia*. Ed. Península, Barcelona, 1998.

213

Hennon, Charles B., Paterson, Gary W. Lewis Polzin y Radina, M. Elise. "Familias de ascendencia mexicana residentes en Estados Unidos: recursos para el manejo del estrés parental", en: *Fortalezas y desafíos de las familias en dos contextos: Estados Unidos de América y México*. Publicaciones de la Casa Chata, México, 2007.

Hernández Madrid, Miguel J. "Creyentes religiosos en movimiento", en: *Migración internacional e identidades cambiantes*. El Colegio de Michoacán, México, 2002.

--------------. "Migrantes y conversos religiosos: Cambios de identidad cultural en el noroeste de Michoacán", en: *Fronteras Fragmentadas*. Ed. Colegio de Michoacán, México, 1999.

Herrera Carassou, Roberto. *La perspectiva teórica en el estudio de las migraciones*. Siglo XXI, México, 2006.

Hondagneu Sotelo, Pierrete. *Gendered Transition. Mexican Experiences of Immigration*. University of California Press, Berkeley and Los Ángeles, 1994.

Huntington, Samuel P. *¿Quiénes somos?: los desafíos a la identidad nacional estadounidense*. Paidós, México, 2004.

Ianni, Octavio. *La sociedad global*. Ed. Siglo XXI, México, 2004.

Lasso Tiscareño, Rigoberto. "Inercias y cambios en la cultura de Ciudad Juárez", en: *Chihuahua Hoy*. Universidad Autónoma de Ciudad Juárez, México, 2005.

Lagarde, Marcela. *Los cautiverios de las mujeres: madresposas, monjas, putas, presas y locas*. Universidad Nacional Autónoma de México, México, 1993.

214

Lindstrom, David P. "Oportunidades económicas locales y riesgos competitivos de la migración interna y hacia Estados Unidos en Zacatecas, México", en: *Nuevas tendencias y nuevos desafíos de la migración internacional*. El Colegio de la frontera norte, El Colegio de México, México, 2004.

Lomnitz-Adler, Claudio. "Conceptos para el estudio de la cultura regional", en: *Las salidas del laberinto*. Joaquín Mortiz y Planeta, México, 1995.

Lozano Ascencio, Fernando y Olivera Lozano, Fidel. "Impacto económico de las remesas en México", en: *El país transnacional: migración mexicana y cambio social a través de la frontera*. Universidad Nacional Autónoma de México, México, 2007.

Lozano Rendón, José Carlos. "Identidad nacional en la frontera norte", en: *Historia y cultura* vol. VI. El Colegio de la frontera norte y la Universidad Autónoma de Ciudad Juárez. 1ª. edición., México, 1992.

Martínez, Óscar. *Ciudad Juárez el auge de una ciudad fronteriza a partir de 1848*. Fondo de Cultura Económica, México, 1982.

--------------. *Border People. Life and Society in the US-México Bordelands*. University Arizona Press, third printing, Tucson, 1998 (las referencias y citas son traducción libre de Antonio Parra del texto de los anglosajones).

Massey Douglas, S. y Sánchez R., Magali. "La percepción de la identidad latina y americana por parte de los inmigrantes latinos en Estados Unidos", en: *El país transnacional: migración mexicana y cambio social a través de la frontera.* Universidad Nacional Autónoma de México, México, 2007.

Medina Núñez, Ignacio. "De México a los Estados Unidos: crisis económica y migración", en: *Nuevos paradigmas sobre la frontera Estados Unidos-México: problemas asociados a una larga transición.* Universidad Nacional Autónoma de México, México, 2003.

Meillassoux, Claude. *Mujeres, graneros y capitales.* Siglo XXI, México, 1999.

Minuchin, Salvador. *Familias y terapia familiar.* Ed. Gedisa, México, 1990.

Mummert, Gail. *Fronteras Fragmentadas.* El Colegio de Michoacán, Centro de Investigaciones y Desarrollo del Estado de Michoacán, México, 1999.

Navarro, Marysa y Sánchez Korrol, Virginia. *Women in Latin America and the Caribbean.* Indiana University Press, United States of America, 1999.

Ojeda de la Peña, Norma y González, Raúl. "Mujer, divorcio y separación en el norte de México", en: *Mujer y Frontera*. El Colegio de la Frontera Norte, Universidad Autónoma de Ciudad Juárez, México, 1993.

--------------- y López, Silvia. *Familias transfronterizas en Tijuana: dos estudios complementarios*. El Colegio de la Frontera Norte, Tijuana, México, 1994.

Olivé, León. *Multiculturalismo y pluralismo*. Universidad Nacional Autónoma de México, Ed. Paidós, México, 2007.

---------------. *Interculturalismo y justicia social. Autonomía e identidad cultural en la era de la globalización*. Universidad Nacional Autónoma de México, México, 2006.

Orozco, Víctor. "Una narración histórica: Los primeros cien años en las relaciones Juárez-El Paso", en: *Chihuahua Hoy*. Universidad Autónoma de Ciudad Juárez, Instituto Chihuahuense de la Cultura, Universidad Autónoma de Chihuahua, Ciudad Juárez, 2007.

París Pombo, Ma. Dolores. *Crisis e identidades colectivas en América Latina*. Universidad Autónoma Metropolitana, Ed. Plaza y Valdez, México, 1990.

Pérez Canchola, José Luis. "Frontera Norte: Identidad Nacional y Migración", en: *Frontera norte: chicanos, pachucos y cholos*. Universidad Autónoma de Zacatecas, México, 1989.

Rodríguez Morales, Zeyda. "La ciudad como escenario para la afectividad: la experiencia juvenil", en: *¿Campo o ciudad?: nuevos espacios y formas de vida.* Arias, Patricia y Woo, Ofelia (coordinadoras). Universidad de Guadalajara, México, 2007.

Staines Orozco, Elide. "Ciudad Juárez en el desierto de Chihuahua", en: *Chihuahua Hoy.* Universidad Autónoma de Ciudad Juárez, Instituto Chihuahuense de la Cultura, Universidad Autónoma de Chihuahua, Ciudad Juárez, México, 2007.

Toussaint, Florence. "Migrantes y televisión hispanoparlante en Estados Unidos", en: *Retos culturales de México frente a la globalización.* Ed. Porrúa, México, 2006.

Valenzuela Arce, José Manuel. "II culturas populares de México", en: *Nuestros piensos.* México, 1998.

----------------. *Por las fronteras del norte: una aproximación cultural a la frontera México-Estados Unidos.* Fondo de Cultura Económica, México, 2003.

----------------. *El color de las sombras: chicanos, identidad y racismo.* Ed. El Colegio de la Frontera Norte, México, 1998.

Vega Briones, Germán. "Migración de retorno en Ciudad Juárez: un enfoque cualitativo", en: *Nuevas tendencias y nuevos desafíos de la migración internacional*, vol. I. Coordinadores Jorge Santibáñez y Manuel Ángel Carrillo. Ed. Colef, SOMEDE COLMEX, 2004.

218

Veles-Ibáñez, Carlos G. *Visiones de frontera. Las culturas mexicanas del suroeste de Estados Unidos.* Centro de Investigaciones y Estudios superiores en Antropología Social, Ed. Porrúa, México, 1999.

Verea, Mónica. *Migración temporal en América del Norte. Propuestas y respuestas.* Ed. Universidad Nacional Autónoma de México, Centro de investigaciones sobre América del Norte, México, 2003.

Vila, Pablo. *Identidades Fronterizas.* Ed. El Colegio de Chihuahua, Universidad Autónoma de Ciudad Juárez, México, 2007.

-------------. *Identificaciones de región, etnia y nación en la frontera entre México-EU (2004).* Universidad Autónoma de Ciudad Juárez, México, 2004.

Woo Morales, Ofelia. "Mujeres y familias migrantes en Estados Unidos", en: *Migración internacional e identidades cambiantes,* El Colegio de Michoacán, El Colegio de la Frontera Norte, México, 2002.

-------------. "La experiencia migratoria de las mujeres urbanas hacia "El Norte", en: *¿Campo o ciudad?: nuevos espacios y formas de vida.* Universidad de Guadalajara, México, 2007.

Zizek, Slavoj. "El espectro de la ideología", en: *Ideología un mapa de la cuestión*, compilado por Slavoj Zizek. Fondo de Cultura Económica, Buenos Aires, 2004.

Zizek, Slavoj y Jameson, Fredric. *Estudios culturales. Reflexiones sobre el multiculturalismo.* Paidós, Buenos Aires, 2003.

Libros electrónicos

Giménez, Gilberto. "Materiales para una teoría de las identidades sociales". Instituto de Investigaciones Sociales de la UNAM, San Andrés Totolpetec, 1997.

Kymlicka, Will. "Estados multiculturales y ciudadanos interculturales." V Congreso Latinoamericano de Educación Intercultural Bilingüe, Lima, agosto de 2002.

Artículos de revista

Alegría, Tito. "Ciudad y trasmigración en la frontera de México con los Estados Unidos", en:

Frontera Norte, vol. 2, núm. 4, julio-diciembre de 1990, pp.7-38.

--------------. "La ciudad y los procesos trasfronterizos entre México y Estados Unidos", en: *Frontera Norte,* vol. 1, núm. 2, junio-diciembre de 1989, pp. 57.

---------------. "Juntos pero no revueltos: ciudades en la frontera con México-Estados Unidos", en *Revista Mexicana de Sociología,* vol. 62, núm. 2, abril-junio de 2000.

Arango, Joaquín. "La explicación teórica de las migraciones: luz y sombra", en *Migración y Desarrollo,* núm. 1, octubre de 2003.

Arias Rojas, Juana. "Notas para la reflexión sobre la familia y la práctica social", en: *Revista Ciencias Sociales,* núm. 1, De la Pontificia Universidad Católica de Maule, Chile, julio de 1997.

Ariza, Marina. "Migración, familia y transnacionalidad en el contexto de la globalización: algunos puntos de reflexión", en: *Revista Mexicana de Sociología,* Instituto de Investigaciones Sociales, UNAM, año LXIV, núm. 4, octubre-diciembre de 2002.

Arriagada, Irma. "Estructuras familiares, trabajo y bienestar en América Latina", en: *CEPAL- SERIE Seminarios y Conferencias,* 2006.

Bizberg, Ilán. "Individuo, identidad y sujeto", en: *Estudios Sociológicos*, de El Colegio de México, vol. VII, núm. 21, septiembre-diciembre de 1989.

Canales, Alejandro I. y Montiel Armas, Israel. "¿Un mundo sin fronteras?": inmigración mexicana, fronteras interiores y transnacionalismo en Estados Unidos." Centro de Estudios de Población Departamento de Estudios Regionales-INESSER, Guadalajara, enero de 2005.

Del Val, José. "Identidad, etnia y nación", en: *Boletín de antropología americana*, núm. 15, México, IPGH, julio de 1987.

Dubet, Francois. "De la sociología de la identidad a la sociología del sujeto", en: *Estudios sociológicos*, de El Colegio de México, vol. VII, núm. 21, septiembre-diciembre de 1989, pp. 519-545.

Esteinou, Rosario. "Fragilidad y recomposición de las relaciones familiares", en: *Desacatos. Revista de Antropología Social.* CIESAS, núm. 2, otoño de 1999, pp. 11-26.

García, José Z. "Migración y posmodernidad, efectos culturales ¿una nueva ciencia social fronteriza?, en: *Nueva sociedad*, núm. 127, septiembre-octubre de 1993, pp. 148-157.

Garduño, Everardo. "Antropología de la frontera. La migración y los procesos transnacionales", en: *Frontera Norte*, núm. 30, vol. 15, julio-diciembre de 2003.

González Herrera, Carlos. "Frontera, identidad y nacionalismo: la experiencia de los mexicanos en El Paso, Texas, 1910-1924." Universidad Autónoma de Ciudad Juárez, 2004.

Hondagneu Sotelo, Pierrete. "Overcoming patriarchal constraints: The Reconstruction of Gender Relations Among Mexican Inmigrant Women and Men", en: *gender & society*, vol. 6, núm. 3, September 1992, pp. 393-415.

López Levi, Mariana. "Nogales: migrantes y paisaje fronterizo", en: *Veredas. Revista del pensamiento sociológico*, año 8, núm. 15, segundo semestre de 2007. División de Ciencia Sociales y Humanidades, Unidad Xochimilco, Universidad Autónoma Metropolitana, México.

Méndez Aguilar, Ninieth. "Familia y liberalismo: la participación de la familia en el contexto actual", en: *La problemática centroamericana vista por las mujeres*. Boletín electrónico *surá* núm. 22, Costa Rica, 1996.

Odgers Ortiz, Olga. "Frontera Norte: cambio religioso en la frontera norte. Aportes al estudio de la migración y las relaciones transfronterizas como factores de cambio", en: *Frontera Norte*, vol. 18 enero-junio 2006, El Colegio de la Frontera Norte, México.

Padilla, Héctor. "El cruce legal y cotidiano de la frontera México-Estados Unidos", en: Migración y cambio cultural. *Veredas. Revista del pensamiento sociológico*, año 8, núm. 15, segundo semestre de 2007.

223

Pequeño Rodríguez, Consuelo. "Consideraciones para el estudio del trabajo de las mujeres en la industria maquiladora", en: *Nóesis*, vol. 15, núm. 28, julio–diciembre de 2005, UACJ.

Ruiz, Olivia. "Visitando la patria: los cruces trasfronterizos de la población estadounidense de origen mexicano", en: *Frontera Norte*, enero-junio de 1992.

Rubio Salas, Rodolfo. "Características sociodemográficas", en: *Diagnóstico geosocio-económico de Ciudad Juárez*. El Colegio de la Frontera Norte, 2005.

---------------. "Zonificación y ordenamiento territorial del municipio de Juárez", en: *Subsistema socioeconómico*, El Colegio de la Frontera Norte, 2008.

Savarino, Franco. "Nación y nacionalismo", en: *Primer foro de investigación científica ENAH*, SEP, ENAH, México, 2003, pp. 465-471.

Smith, Anthony D. "Conmemorando a los muertos, inspirando a los vivos. Mapas, recuerdos y moralejas en la recreación de las entidades nacionales", en: *Revista Mexicana de Sociología*, 1, enero-marzo de 1998.

Steiner, George. *Después de Babel (aspectos del lenguaje y la traducción)*. Fondo de Cultura Económica, México, 1980, pp. 540-541, citado por Ianni (pp. 47-48).

Valenzuela Arce, José Manuel. "Notas sobre cultura en la frontera Norte de México", en: *Entorno*, núm. 10, Universidad Autónoma de Ciudad Juárez, octubre de 1986, pp. 48-51.

Valdés Villalba, Guillermina y Montenegro Herrera, Jesús. "Política y poder en la frontera: la diócesis de Ciudad Juárez en los procesos políticos del estado de Chihuahua, 1960-1990: Apuntes sobre la creación de una subcultura religiosa-opositora", en: *Frontera Norte*, vol. IV, México, 1992.

Woo Morales, Ofelia. "Las mujeres mexicanas indocumentadas en la migración internacional y la movilidad transfronteriza", en: *Frontera Norte*, vol.2, núm. 2, 1995, pp. 65-87.

Zhou, Min. "Contemporary Trends in Immigration to the United Status: Gender, Labor-Market Incorporation, and implications for Family Formation", en *Migraciones Internacionales*, vol. 2, núm. 2, julio-diciembre de 2003, pp. 77-95.

Zúñiga, Víctor. "Tradiciones migratorias internacionales y socialización familiar: expectativas migratorias de los alumnos de secundarias de cuatro municipios del estado de Nuevo León", en: *Frontera Norte*. vol. 4, núm. 7, enero-junio de 1992, pp. 45-74.

Sitios Web

Ariza, Marina y De Oliveira, Orlandina. "Familias en transición y marcos conceptuales en redefinición", en: *Papeles de población*, abril-junio, núm. 28. Universidad Autónoma del Estado de México, Toluca, 2001. pp. 9-39. Red de Revistas Científicas de América Latina y El Caribe. Ciencias Sociales y Humanidades. http://redalyc.uaemex.mx (consultada el 13 de junio del 2008).

Ortiz, Fernando *apud* Ángel Ramos. *Transculturación narrativa en America Latina*. México. Siglo XXI, 1982, pp. 32-33.

Schkolnik, Mariana. "Tensión entre familia y trabajo", en: *CEPAL SERIE Seminarios y Conferencias*, 2006 http://www.org/publicaciones/xml/5/20555/ssc42_familia-parte1.pdf (consultada junio 2008).

Simeox, David. 'Inmigration, Population, and Economic Growth in El Paso, Texas": The Marking of an American Maquiladora. Center for immigration Studies, 1993 http//www.cis.org/articles/1993/paper7.html. (consultada marzo 2009).

Smith, Anthony. *La identidad nacional*. Ed. Trama, Madrid, 1997.

Taylor, Charles. "Nacionalismo y modernidad", en: John A. Hall (ed.). *Estado y nación*. Cambridge UP, Madrid, 2000, pp. 253-287.

voltairenet.org.   Red   de   prensa   no   alineada. http://www.voltairenet.org/article144083.html

Wieviorka, Michel. "Perfiles latinoamericanos: La producción de las diferencias y la injusticia social en las sociedades multiculturales",en: *Perfiles*, vol. 12, núm. 24, junio, Facultad Latinoamericana de Ciencias Sociales, Distrito Federal, 2004.

Artículos de prensa

Ciresi, Alberto. "Sobre las culturas subalternas". UAM-X, Universidad de Colima, México. En prensa.

Cano, Arturo. "Viejas y nuevas devociones", en: *La Jornada,* agosto de 2002, México.

El Diario, sección: opinión, mayo del 2008.

Datos estadísticos

INEGI, Instituto Nacional de Estadística, Geografía e Informática, 1994.

INEGI, Instituto Nacional de Estadística, Geografía e Informática, 2000.

INEGI, Instituto Nacional de Estadística, Geografía e Informática, Cuaderno Estadístico Municipal, Ciudad Juárez, 2004.

INEGI, Cuaderno Estadístico Municipal, Ciudad Juárez, 2004.

Incide Social, A. C. "Investigación para la elaboración de un Plan de Acción Social concertado en Ciudad Juárez", 2005.

IMSS, Estimaciones poblacionales (INIP), 2005.

El Colegio de la Frontera Norte de Ciudad Juárez.

Índice de cuadros y gráficas

Cuadros

(Nota: cuadro 10. No aparece en el texto) Quitar esta nota y cuadro 10 en caso de que así sea.

Gráficas

230

www.ingramcontent.com/pod-product-compliance
Lightning Source LLC
Chambersburg PA
CBHW030008290326
41934CB00005B/256